老HRD手把手系列

企业人力资源必备工具箱

老HRD手把手教你从模仿到超越

贺清君 著

中国法制出版社
CHINA LEGAL PUBLISHING HOUSE

企业人力资源管理"手把手"丛书
专家顾问委员会成员

（以下排名顺序不分先后）

隆　雨	京东集团首席人力资源官及法律总顾问
王文萍	奇虎360人力资源总监
张如国	新东方教育集团助理副总裁兼人力资源总监
马永武	腾讯学院院长
胡劲松	乐视网人力资源高级总监
蔡元启	海尔集团全球人才平台总监
高晓宇	酒仙网资深人力资源总监
李　琳	凤凰网人力资源中心总经理
徐惠来	清华同方本部人力资源总监
刘　莹	恒安集团人力资源总监
张晓春	新奥集团人力资源总监
杨　勇	安踏集团总裁助理兼人力资源总监
王珏珅	宇通客车人力资源总监
陈毅贤	北京中科金财科技股份人力资源副总裁
黄治民	北京北斗星通科技股份人力资源副总裁
周留征	北京东土科技股份副总裁
刘亚玲	北京华胜天成科技股份人力资源总经理
刘法圈	联想控股融科智地房地产人力资源总监
赵小兵	敦煌网人力资源高级顾问
张成强	京翰教育集团人力资源总监
周　博	中国电信翼支付人力资源总监

张　萌	光大永明人寿人力资源部总经理
李　瑛	东方国信人力资源总监
肖冬云	天音通信人力资源总监
王文涛	凌云光子集团人力资源副总裁
李美平	远光软件股份有限公司副总裁
薛　燕	天极传媒集团人力资源总监
王永贤	北京立思辰科技人力资源副总裁
王志成	亿龙集团人力资源副总裁
刘立明	北京建谊投资（集团）高级副总裁
张银昆	北京合纵科技股份人力资源副总裁
李　亮	万达集团人力资源管理中心副总经理
刘海赟	易车网人力资源中心总经理
高文举	微才网首席执行官
廖　亮	中国邮政人力资源总监
陈　沁	亚信集团薪酬福利总监
张　欣	北京华联商厦人力资源总监
兰　雨	人人网人力资源总监
赵东辉	拉卡拉人力资源总监
俞　波	新中大软件股份人力资源总监
王立平	北京久其软件人力资源总监
李默成	大公国际人力资源总监
姜　杉	中金数据科技人力资源总监
陈守元	易华录科技股份人力资源总监
张　琰	紫光集团人力资源部经理
徐冰雪	工商银行数据中心人力资源部经理
曹　冰	恒宝科技人力资源总监
郭　奇	北京盛百味餐饮集团总经理

PREFACE 序言
企业人力资源管理实践领域一大盛事

我国企业从二十世纪九十年代开始人力资源管理转型,历经二十多年的发展,水平仍然参差不齐,有些企业已经进入战略人力资源管理阶段,同时也有不少企业仍然在人事管理阶段徘徊。究其原因,一是企业领导人对人力资源管理的认识不到位,二是人力资源管理专业人员的业务能力不达标。现有的出版物在服务企业家学习人力资源管理方面基本是够用的,但在提升人力资源专业人员的业务能力方面,则尚有缺欠。师带徒、边干边学仍是中国企业人力资源新兵们"习武"的主要方式。

人力资源管理是一门致用之学,既有系统深入的理论基础,又有复杂多变的操作规则和艺术。综观书市,以人力资源管理为题的教材和理论性书籍林林总总、数不胜数,但完全由业界人士撰写的实战型精品却难得一见。中国法制出版社联手国内顶尖名企的人力资源高管共同打造"老HRD手把手系列丛书",契合此领域学习资料之短板,可谓年轻人力资源管理业者之幸。

这套丛书的出身决定了它的独特个性。

1.作者"道行深":优秀的作者才能写出优秀的作品。这套丛书的"爸爸妈妈"们都是硕士学历,接受过高水平的系统教育。他们从基层一步一步成长为人力资源高管,经历过多番变革,处理过多种矛盾,至今奋战在企业人力资源管理第一线。他们不仅深谙人力资源管理理论,更精通人力资源管理操作技巧,可以说,他们都是"有道行"的人,是有能力写出既有"仙气"又接"地气"的作品的人。

2. 内容"实"：本书的内容以"实战、实用、实效"为导向，书中所有实践经验均来自国内一流名企，这些公司都具有鲜明的代表性。书中不仅有文字描述和对理念、原则的介绍，而且有大量"开袋即食"型的流程、工具和表格，新手可以借此实现本公司实践与优秀公司经验之间的无缝对接。

3. 文字"简"：本套丛书没有将"简单问题复杂化"，没有赘述枯燥的管理理论，表达简洁直接，便于读者快速把握要点。

4. 主题"全"：本套丛书涵盖企业招聘、绩效、培训和薪酬等各项职能，每本书又覆盖了一项职能中几乎所有的细节，可谓人力资源管理实操大全，为企业构建规范化、精细化人力资源管控体系提供了一整套解决方案，也为人力资源专业人员成为全能型选手提供了十八般兵器。

正是因为本套丛书的以上特点，我很高兴、很荣幸写这个小序，一是向读者朋友推荐这些书，二是向作者致敬、祝贺。这套书不仅适用于企业人力资源管理专业人员中的新手和生手，也值得老手们参考。它山之石可以攻玉，在一个企业做久了，思路容易有局限，相信这套书也能给老手们带去清新之风。

我还要从高校教师和学生的角度感谢作者和出版社。大部分教授人力资源管理课程的老师都没有人力资源管理的实战经验，学生也难有机会全面了解企业人力资源管理的真实面貌，这套书把企业实践搬到师生眼前，虽不能代替调研和实践，却能让师生离企业更近。对高校的教学活动而言，这套书是很有价值的参考资料。

高境界的管理要做到知行合一、科学性与艺术性的有机统一，在这套"老HRD手把手系列丛书"里，我非常欣慰地看到了这一点。这同时也启发各位读者：尽信书不如无书，要将他人的经验和自己的实情相结合。人力资源管理有科学和普遍的成分，也有艺术和特殊的成分，把先进企业的经验作为铺路石去开拓自己的路，才是正确的做法。本书的价值在于告诉读者要做什么、怎么做、为什么做，至于是不是自己做、做到什么程度，则没有标准的答案。

中国企业的转型升级已经进入了关键阶段，人力资源管理在未来必将扮演越来越重要的角色。祝愿中国企业的人力资源管理能伴随企业的改革发展达到新的高度！祝愿中国的人力资源管理同仁薪火相传，打造一支能被企业领导和员工高度信赖的专业队伍，共同让人力资源成为中国企业决胜商场的第一资源！

——清华大学经济管理学院
领导力与组织管理系副教授

曲庆

CONTENTS 目录

第一部分　新手编制制度表单必备基本功

第1章　制定人力资源管理制度须知

01　准确把握国家法律法规 // 004
02　全面熟悉地方人事法规 // 005
03　深入理解制度的有效性 // 006
04　文件编制必备的基本功 // 007
05　管理文件常见概念解析 // 009

第2章　人力资源关键制度架构设计

01　人力资源管理价值使命 // 012
02　人力资源经典模块概述 // 012
03　理顺各个模块接口关系 // 013
04　制定统一风格制度模板 // 015
05　制定统一风格记录模板 // 015

第二部分　人力资源经典制度表单范例

第3章　员工招聘管理

01　员工招聘主要管控目标 // 020

02　员工招聘制度设计思路 // 020

03　员工招聘风险防范要点 // 020

04　员工招聘管理制度设计 // 021

05　员工招聘常用管理模板 // 026

第4章　员工入职和转正管理

01　入职转正主要管控目标 // 036

02　入职转正制度设计思路 // 036

03　入职转正风险防范要点 // 037

04　入职转正管理制度设计 // 037

05　入职转正常用管理模板 // 038

第5章　员工考勤休假管理

01　考勤休假主要管控目标 // 046

02　考勤休假制度设计思路 // 046

03　考勤休假风险防范要点 // 046

04　考勤休假管理制度设计 // 047

05　考勤休假常用管理模板 // 053

第6章　员工劳动合同管理

01　劳动合同主要管控目标 // 060

02 劳动合同模板设计思路 // 060

03 劳动合同风险防范要点 // 060

04 劳动合同管理模板设计 // 061

05 劳动合同变更解除管理 // 069

第7章 绩效考核管理

01 绩效考核主要管控目标 // 072

02 绩效管理制度设计思路 // 072

03 绩效管理风险防范要点 // 072

04 绩效考核管理制度设计 // 073

05 绩效考核管理主要表单 // 077

第8章 薪酬福利管理

01 薪酬福利主要管控目标 // 084

02 薪酬福利制度设计思路 // 084

03 薪酬福利风险防范要点 // 084

04 薪酬福利管理制度设计 // 085

05 薪酬福利常用管理模板 // 088

第9章 员工培训管理

01 员工培训主要管控目标 // 094

02 员工培训制度设计思路 // 094

03 员工培训风险防范要点 // 095

04 员工培训管理制度设计 // 095

05 员工培训常用管理模板 // 099

第10章 员工异动管理

01 员工异动主要管控目标 // 106

02 员工异动管理设计思路 // 106

03 员工异动风险防范要点 // 106

04 员工异动管理制度设计 // 107

05 员工异动常用管理模板 // 107

第11章 实习生日常管理

01 实习生主要管控目标 // 110

02 实习生制度设计思路 // 110

03 实习生管理风险防范 // 110

04 实习生管理制度设计 // 111

05 实习生常用管理模板 // 112

第12章 员工档案管理

01 员工档案主要管控目标 // 118

02 员工档案管理总体思路 // 118

03 员工档案风险防范要点 // 119

04 员工档案管理制度设计 // 119

05 员工档案常用管理模板 // 121

第13章 员工岗位管理

01 岗位管理主要管控目标 // 124

02 岗位管理制度设计思路 // 124

03 岗位管理风险防范要点 // 124

04 岗位管理主要制度设计 // 125

05 岗位管理常用典型表单 // 127

第14章 员工劳动纪律管理

01 劳动纪律主要管控目标 // 130

02 劳动纪律制度设计思路 // 130

03 劳动纪律风险防范要点 // 130

04 劳动纪律管理制度设计 // 131

05 劳动纪律常用管理模板 // 134

第15章 员工离职管理

01 员工离职主要管控目标 // 136

02 员工离职制度设计思路 // 136

03 员工离职风险防范要点 // 136

04 员工离职管理制度设计 // 137

05 员工离职常用管理模板 // 139

第16章 特殊人员管理

01 劳务人员管理 // 146

02 劳务派遣人员 // 148

03 非全日制用工 // 151

04 工作任务合同 // 152

05 竞业限制人员 // 153

第三部分　制度模板高手必备撒手锏

第17章 人力资源规划管理

01 人力资源规划管理目标 // 158

02 人力资源规划管理思路 // 158

03　人力资源规划管理风险 // 158
　　04　人力资源规划管理制度 // 159
　　05　人力资源规划管理表单 // 160

第18章　员工任职资格管理

　　01　任职资格主要管控目标 // 164
　　02　任职资格制度设计思路 // 164
　　03　任职资格风险防范要点 // 164
　　04　任职资格管理制度设计 // 165
　　05　任职资格常用管理模板 // 167

第19章　管理干部竞聘管理

　　01　干部竞聘主要管控目标 // 172
　　02　干部竞聘制度设计思路 // 172
　　03　干部竞聘风险防范要点 // 172
　　04　干部竞聘管理制度设计 // 173
　　05　干部竞聘常用管理模板 // 175

第20章　员工激励管理

　　01　员工激励主要管控目标 // 178
　　02　员工激励总体设计思路 // 178
　　03　员工激励风险防范要点 // 179
　　04　员工激励管理体系设计 // 179
　　05　员工激励管理主要表单 // 180

第21章　评优奖先管理

　　01　评优奖先主要管控目标 // 184

02　评优奖先管理设计思路 // 184
　　03　评优奖先风险防范要点 // 184
　　04　评优奖先管理通知设计 // 185
　　05　评优奖先常用管理模板 // 187

第四部分　人力制度发布与优化

第22章　员工代表大会管理

　　01　员工代表大会管控目标 // 192
　　02　员工代表大会管理思路 // 192
　　03　员工代表大会管理风险 // 192
　　04　员工代表大会管理制度 // 193
　　05　员工代表大会管理表单 // 196

第23章　人力资源制度发布与优化

　　01　人力资源制度发布目标 // 202
　　02　企业管理文件控制程序 // 202
　　03　人力资源文件风险防范 // 207
　　04　文件发布变更参考模板 // 208
　　05　中小企业制度裁剪优化 // 211

附录1：《劳动合同法》重点解读 // 214

附录2：《社会保险法》重点解读 // 231

附录3：《个人所得税法》重点解读 // 245

附录4：《女职工劳动保护特别规定》重点解读 // 253

附录5：《职工带薪年休假条例》重点解读 // 256

第一部分

新手编制制度表单必备基本功

和人力资源相关的国家法律法规都有哪些？
为何做好人力必须掌握当地法律法规规定？
文件编制特别是文笔能力提高有哪些思路？
企业审批权限如何设计才能体现出责权利？
为何需要制定规范化制度和表单管理模板？
如何理解和把握人力资源管理价值和使命？
人力资源六大经典模块的管理范围有哪些？
如何清晰把握人力资源六大模块接口关系？
制定统一制度和记录模板其核心价值何在？

第1章
制定人力资源管理制度须知

企业制定人力资源管理制度是一个系统梳理国家法律法规、地方法律法规，深入理解制度的有效性的过程。编制制度文件是企业管理者必备的一项基本功。好的制度如同一面镜子，折射出企业真实的管理能力和水平。

01 准确把握国家法律法规

国家法律法规，特别是《劳动合同法》和《就业促进法》，是人力资源管理工作人员不能触碰的"高压线"和"底线"。一旦触碰这个"底线"，轻者导致劳动纠纷，严重者必然受到法律的制裁。

表 1-1　　　　　　和人力资源管理相关的法律法规

法律法规名称	概要介绍	重要程度/要求
《劳动合同法》	员工入职、离职和调动都涉及本法	必须准确掌握
《劳动合同法实施条例》	相当于《劳动合同法》的实施细则	需要掌握
《社会保险法》	社会保险的经典法规	需要掌握
《社会保险费征缴暂行条例》	规范社会保险稽查工作，维护劳动者的合法权益	需要了解
《劳动争议调解仲裁法》	劳动争议如何有效处理	需要掌握
《职工带薪年休假条例》	法定年休假的管理	需要掌握
《劳动法》	维护人权、体现人文关怀的一项基本法律	需要了解
《个人所得税法》	个人所得税计算方法	需要掌握
《就业促进法》	如何回避劳动就业歧视问题	需要了解

续表

法律法规名称	概要介绍	重要程度/要求
《全国年节及纪念日放假办法》	法定假日放假的依据	必须准确掌握
《职业病防治法》	职业病的防治规定	需要了解

在法律法规的实施过程中，有很多具体的规定。如最高人民法院关于审理劳动争议案件适用法律若干问题的四个解释对劳动争议典型问题都有阐述。又如《关于职工全年月平均工作时间和工资折算问题的通知》对 HR 如何计算工资可避免争议都有详细的解释。

在实际工作中，如果想详细了解法律法规的具体内容，那么有哪些搜索方式？一种方式是通过搜索引擎（如搜索"人力资源法律法规"），另一种方式是通过当地人力资源与社会保障局的官方网站。此外，很多企业人力资源法律方面的图书也值得深入学习。

02 全面熟悉地方人事法规

地方法律法规的侧重内容是工资支付（如最低工资标准），还有特殊的假期规定（如当地婚假/产假/陪产假）、因地制宜的详细规定。此外，全国社保政策虽然大同小异，但是在征缴费率和实施规定上都有一些差异。

以北京市为例。北京典型人事法规具体如下：

- 《北京市工资支付规定》：跟工资有关的都是 HR 必须掌握的重点，尤其是关于加班工资的计算，如何种情况可扣减工资，特殊情况下的工资标准如何计算等。
- 《关于调整北京市 2008 年最低工资标准的通知》：最新的最低工资标准公布，涉及工资待遇的红线，HR 必须掌握。
- 《北京市企业实行综合计算工时工作制和不定时工作制办法的通知》：相当一部分企业有员工需要申报特殊工时制，而申报特殊工时制可大大减少加班费争议，作为 HR 应了解。

- 《北京市城乡居民基本医疗保险办法》：对于医疗保险管理办法，负责五险一金的管理工作人员必须掌握。
- 《北京工伤保险条例》：对于工伤保险管理办法，负责五险一金的管理工作人员必须掌握。
- 北京市《住房公积金管理条例》：对于本市行政区域内住房公积金的缴存、提取、使用、管理和监督，负责五险一金的管理工作人员必须掌握。
- 《北京市基本养老保险规定》：负责五险一金的管理工作人员必须掌握与办理员工退休手续相关的知识。
- 《北京市失业保险规定》：对于员工失业如何领取保险金等问题，负责五险一金的管理工作人员必须掌握。

这些具有地方特色的法规规定，从一定意义上来看，是国家大型法律法规的重要补充。

03 深入理解制度的有效性

一套规范、有效的人力资源管理制度，应当具备以下几个特点：

（1）内容要系统、全面

内容的全面性包括两层含义：一是与人力资源相关的管理制度在企业的《员工手册》里都应当有相应的规定，如考勤休假、绩效考核、薪酬福利、奖惩制度等都是与劳动者切身利益相关的，企业在制定制度时都应当加以考虑；二是具体的某项制度内容要完整，比如《员工奖惩制度》要包括制定目的、管理原则、奖惩具体细则及奖惩程序等内容。

（2）内容要合法

规章制度的内容不得违背国家法律以及当地的政策规定。内容合法性是制定规章制度的基础。规章制度的内容不但不能违反《劳动合同法》及其配套法规，也不能违反《民法通则》《合同法》《婚姻法》《妇女权益保障法》《残疾人就业保障法》以及《职工带薪年休假条例》等基本法律。HR要对企业制定的管理制度深入研究，否则稍有不慎就会步入"雷区"。

> **小贴士** 本书附录对企业人力资源管理涉及的常用的重点法律法规做了详细解读。

（3）可操作性强

规章制度必须要有可操作性，内容描述不能模糊、有歧义，必须接地气。例如，《奖惩管理制度》中关于严重违纪的，企业可以解除劳动合同的规定必须细化到具体行为和结果，否则即使员工违纪，企业也无法掌控管理证据而无法解除劳动合同。如果单方解除合同，一旦仲裁，企业极有可能败诉。

（4）符合人性

企业人力规章制度所适用的对象是人，而人是有感情的，光有制度约束远远不够，有时甚至适得其反。企业在设计规章制度时要处处体现"以人为本"的思想。有些单位的规章制度非常严格，甚至超出了常人所能想象的范围。比如，有的公司员工平均一天工资还不到200元，但是考勤制度规定旷工一天罚款1000元。这种制度虽然在短时间内能起到震慑职工、严肃纪律的目的，但是从一个企业的长远发展来看，肯定会导致人心背离企业。企业规章制度是企业文化的体现，人性化的规章制度是增强企业凝聚力的核心。

（5）定义要规范

企业人力规章制度中的术语定义和名词一定要规范，定义内涵要非常清楚。企业在结束员工劳动关系这一问题上有不少典型的处理方式，如开除、除名、解除劳动合同、解除劳动关系、辞退等。这些处理方式针对的行为、处理程序、适用法律法规不同，最终处理结果也有所区别。只有弄清不同术语的法律含义，企业才能合法、有效地处理好问题。

04 文件编制必备的基本功

我国历史文化博大精深，语言措辞无比丰富。"语不惊人死不休"，就是语言表达的最高境界。

要认真体会"措辞"的概念。措辞多指在写文章的过程中对文字、篇章进行仔细揣摩和推敲，使要表达的语言更加严谨。所以，写作时我们要深思熟虑，精心选用恰当的词语或语句，有效地表达管理主体和管理思想，让读者等受众人员更加易于理解和接受。

语言表达能力是文化知识与社会阅历的综合反映。根据目标群体在什么样的场合确定要说什么样的话，怎样说更有效。光靠熟练掌握语言文字还不够，还需要有语言以外有关的社会文化知识。而这些相关知识都是在后天的学习与实践中获得的。提高语言表达能力没有捷径，须通过多阅读、多积累、多练笔等方式发现写作灵感。

企业管理制度的编写过程是一个结构化思维落地的过程。编写人员需要通过结构化思维方式（制度或模板框架），用语言文字或图形把企业管理思想、管理理念、管理手段、管理条例等融入文件中，用准确的措辞清晰地表达出来，让员工更容易理解、体会和掌握。

> **经验分享 Human Resources**
>
> 结构化思维，是指在面对工作任务或者难题时能从多个角度进行系统化思考，深刻分析导致问题出现的根源或原因，制定系统化的行动方案，通过采取有效的手段使工作得以高效率开展，从而最终实现管理目标。当你按照这个逻辑做事的时候你就拥有了结构化思维。

其实，任何制度或管理工具的编写过程都是结构化思维的结果。很多 HR 认为写作是专业人士做的事情，自己能力有限，没有信心。其实，问题的根源在于缺乏结构化思维训练。本书为大家展示的是管理目的、管理范围、管理权限、管理流程以及管理记录等一体化、结构化的制度和管理框架。这个大框架如同提纲一样，待提纲框架出来以后，分段展开陈述，最终形成文字内容。

05 管理文件常见概念解析

企业制度规章中的术语定义和名词一定要规范，定义内涵要非常清楚。对于规章制度文件的命名等，作为制度制定者一定要清楚关键术语的准确含义。

1. 区分制度、规章、规定、办法等常见概念

在企业管理制度中，我们经常被制度、规章、规定、办法等概念搞得丈二和尚摸不着头脑。本书对这些常见的概念作一下解析。

- **制度**：也称规章制度，是企业为了维护正常的工作秩序，保证各项政策顺利执行和各项工作正常开展，依照法律法规和政策制定的具有法规性、指导性与管理约束力的文件。制度是各种法规、章程和公约的总称。
- **规定**：规定是为实施、贯彻企业有关法律法令和条例，根据其规定和授权对有关工作或事项作出的局部具体的规定。
- **规章**：企业制定的劳动管理的规则，也称"内部劳动规则"，是企业内部劳动法律。规章是指有规章制定权的单位依照法定程序以法定方式公布的具有普遍约束力的规范性文件，一般采取章、节、条和款的结构。
- **办法**：是对有关法令、条例和规章提出具体可行的实施措施和有关事项的具体办理方法，这些具体的办法重在可操作性。
- **细则**：是对某一法律法规全部或部分内容具体实施管理的具体化。
- **条例**：具有法律性质的文件，是对有关法律法规作辅助性和阐释性的说明和规定的规范性文件。
- **规程**：简单说就是"规程＝规则＋流程"，所谓流程即为实现特定目标而采取的一系列行动的组合，这些规则是实际工作的具体要求、规定和标准，如《岗位操作规程》。
- **规范**：即明文规定或约定俗成的标准，如《道德规范》《技术规范》等。

需要说明的是，企业制定的"制度"或"规定"的法律约束更严格、更严谨。在企业管理实践中，凡是法律法规等以规章形式规定的事项都应当制

定规章，如设定奖惩管理的属于规章；规定属于一般规范性文件，主要用于部署工作、通知特定事项及说明具体问题。

> **小贴士 Human Resources** 自《立法法》于2000年实施后，规章都必须以"令"的形式发布。因此，凡是以"令"的形式发布的就是规章。一般规范性文件则不以"令"的形式发布，往往以通知的形式下发。

2. 关于文件审核和审批格式

本书所有模板（表单）审批栏参考格式如下：

审核意见	签字/日期：_____
加签栏 （根据审批权限确定）	（超过权限加签） 签字/日期：_____
审批意见	签字/日期：_____

审核和审批最大的区别在于以下两点：一是审核的主要目的是仔细核查，而审批的核心是批准（批示）；二是审核没有决定权，而审批具有最终决定权。

第2章
人力资源关键制度架构设计

制定人力资源关键制度，首先要深刻领会企业人力资源管理价值和使命，在此基础上深入掌握六大经典模块。此外，制定统一的模板，对提高制度编制效率非常重要。

01 人力资源管理价值使命

企业人力资源管理的核心价值，是将人力资源管理工作的核心紧密地围绕企业的经营管理展开，通过提升员工价值，实现企业的经营目标，帮助企业成功，从而展示人力资源工作的专业性和对企业的贡献。

人力资源管理的使命就是坚持"以人为本"的核心价值观，以雇主品牌吸引人，以创造良好的机会培养人，以良好的激励机制用好人，以宽广的事业舞台留住人，把人力资源建设成企业的核心竞争能力，保障企业健康发展。

深刻领会人力资源管理的核心价值和使命是人力资源工作的指南。

02 人力资源经典模块概述

人力资源六大经典模块包括人力资源规划、员工招聘与配置、培训与开发、绩效管理、薪酬管理和员工关系管理。

```
┌─────────────────────────────────────────────────────────────┐
│              人力资源规划（管理导航仪）                      │
├──────────┐  ┌──────────┐  ┌──────────┐  ┌──────────────────┤
│员工招聘与配置│→│培训与开发 │→│绩效管理  │→│薪酬管理          │
│ （选人） │  │ （育人） │  │ （用人） │  │ （留人）          │
├──────────┘  └──────────┘  └──────────┘  └──────────────────┤
│              员工关系管理（劳资关系主线）                    │
└─────────────────────────────────────────────────────────────┘
```

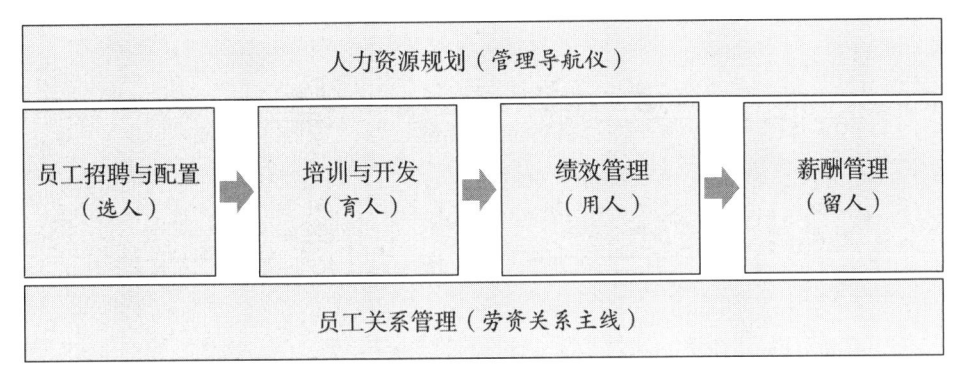

图 2-1　人力资源六大经典模块

（1）人力资源规划：通过对企业人力资源管理现状信息进行收集、分析和统计，依据这些数据和结果，结合企业发展战略制定人力资源工作的详细实施方案。人力资源规划在 HR 工作中起到一个定位目标和把握路线的"导航仪"作用，没有导航就会迷失管理方向。

（2）员工招聘与配置：按照企业经营战略规划的要求把优秀、合适的人招进企业，放在合适的岗位上，以实现人尽其才。

（3）培训与开发：通过学习和培训等手段，提高员工工作能力，最大限度地使员工的个人能力与岗位需求相匹配，提高员工工作绩效。

（4）绩效管理：对团队和员工的工作过程、结果进行客观评价，从而确认团队或员工的价值。

（5）薪酬管理：是在企业发展战略的指导下对员工薪酬支付原则、薪酬策略、薪酬水平、薪酬结构、薪酬构成进行确定、分配和调整的动态管理过程。

（6）员工关系管理：劳动者和用人单位在劳动过程中建立的社会经济关系。

03　理顺各个模块接口关系

人力资源六大经典模块，支撑企业选人、用人、育人和留人完整的过程，六大经典模块之间互为关联，密不可分。

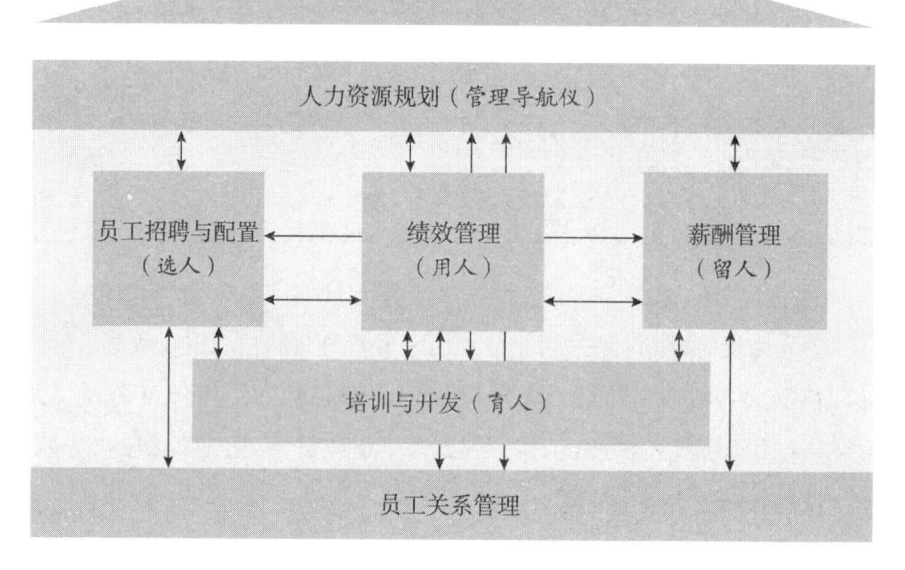

```
┌─────────────────────────────────────────┐
│      企业文化（使命・愿景・价值观）          │
└─────────────────────────────────────────┘

人力资源规划（管理导航仪）

┌──────────────┐  ┌──────────────┐  ┌──────────────┐
│  员工招聘与配置 │←→│   绩效管理    │←→│   薪酬管理    │
│   （选人）    │  │   （用人）    │  │   （留人）    │
└──────────────┘  └──────────────┘  └──────────────┘

┌─────────────────────────────────────────┐
│         培训与开发（育人）                │
└─────────────────────────────────────────┘

员工关系管理
```

图 2-2 人力资源六大模块关系图

人力资源规划是其他五大模块开展相关工作的"导航仪"，人力资源规划实施涉及的《工作计划》是人力资源所有模块管理落地的具体实施方案。

招聘是企业人才输入的源头，可以持续不断地提供高质量的人力资源，招到的员工以员工关系为主线，必然涉及绩效、薪酬、培训等模块的交互。

绩效管理是评价人才价值和贡献的过程。对于绩效差的，要么加大培训力度或者降薪给机会，要么优化辞退，而辞退员工必然涉及解除员工劳动关系。

薪酬管理是企业价值分配的过程。招聘过程中要做薪酬谈判，薪酬要和绩效考核结果挂钩，培训过程必然涉及《培训协议》约定的薪酬管理问题。

企业培训是企业发挥内部"造血"的功能。新员工进入企业之后会有新员工培训或上岗培训，绩效差的要做待岗培训。

劳动关系贯穿从选人到留人的过程，贯穿员工从入职到离职的主线，通过企业制度有序运转，帮助企业人力资源配置合理化和循环有效，实现企业和员工的共赢。

04 制定统一风格制度模板

任何一项管理制度的制定都需要一套完善的框架作为支撑，人力资源管理制度框架主要包括如下几方面：

- 主要目的：描述管理制度制定的主要目的。
- 术语定义（可选）：定义常见的专业术语和名词解释。
- 适用范围：清晰定义出制度的适用范围，如集团还是子公司等。
- 职责分工：定义在本项管理制度中各部门的职责。
- 主要流程：制度涉及的工作流程图。
- 制度规定：清晰规定制度的具体内容。
- 过程裁剪（可选）：何种条件下管理流程可简化乃至裁剪。
- 相关制度：本项管理制度引用的外部管理制度。
- 主要记录：本项管理制度配套的记录文件。
- 制度生效：规定制度何时正式生效。

05 制定统一风格记录模板

模板表单设计风格应该统一。虽然业界没有统一的标准，但制定统一风格的模板时，应该注意如下要点：

（1）标题部分：阴影相称，体现标题区域的内容不能乱改；

（2）外框和内框：线条层次分明，外框线条应该粗一些，内框线条应该细一些；

（3）行距和列距：要保持统一和美观。

好的表单层次清晰，内容错落有致，让人看起来赏心悦目。

大家可以参考本书提供的表单风格。

小贴士 Human Resources 细节之处体现专业。一般来说，公司的管理制度框架和模板表单风格，体现的是公司的管理风格。

第二部分
人力资源经典制度表单范例

员工招聘管理制度表单如何设计？
入职试用转正制度表单如何设计？
《劳动合同》制度表单如何设计？
考勤休假管理制度表单如何设计？
绩效考核管理制度表单如何设计？
薪酬福利管理制度表单如何设计？
员工培训管理制度表单如何设计？
员工异动管理制度表单如何设计？
实习生管理制度表单该如何设计？
员工档案管理制度表单如何设计？
员工岗位管理制度表单如何设计？
劳动纪律管理制度表单如何设计？
员工离职管理制度表单如何设计？
特殊人员管理制度表单如何设计？

第3章
员工招聘管理

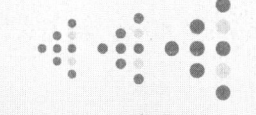

建立良好的招聘管理体系，可以为公司提供最合适的人才，助力企业完成经营发展目标，并为公司储备足够的人才，进而为公司的可持续发展提供源源不竭的动力支持。

01 员工招聘主要管控目标

企业招聘管理目标，就是为企业发展甄选符合企业实际业务需求的人才，规范各种类型人才的招聘面试模式和面试流程，针对不同人才选好不同的招聘渠道并提高招聘效率，提升员工稳定度，全力避免员工录用过程中可能出现的各种法律纠纷。

02 员工招聘制度设计思路

国家法律法规，特别是《劳动合同法》和《就业促进法》，是招聘工作人员不能触碰的"高压线"。在人力资源管理实践中绝对不能触碰这道"管理底线"，一旦触碰这道底线，轻者影响企业声誉，严重者必然受到法律的制裁。

03 员工招聘风险防范要点

- 风险点1：虚假简历和虚假经历等欺诈风险。招聘人员必须加强面试把关工作。对于关键岗位的应聘人员，要在学信网等相关网站及时做好验证工作，验证学历的真实性。对于关键人员，要做好背景调查工作。

- 风险点2：设计录用函的风险。录用函要清晰阐述录用条件、反馈时间以及报到须知等。
- 风险点3：发放录用函。在没有经过总经理或总经理授权高管的最终录用审批的前提下，人力资源部擅自发放录用函。这种行为将导致企业面临劳动纠纷和相关经济赔偿的法律风险。

04 员工招聘管理制度设计

基于招聘管理目标、制度设计思路和关键风险防范要点，参考制度如下：

【范例】

公司招聘管理制度

1. 管理目的

为保证公司招聘工作的规范性，规范公司招聘流程，提高招聘工作质量，特制定本项管理制度。

2. 适用范围

本制度适用于公司各种类型员工的招聘管理。

3. 招聘原则

- 主要原则：公开招聘、平等竞争、择优录用；
- 考核标准：公司各岗位任职资格及岗位实际需要。

4. 招聘工作分工

（1）用人部门

- 提出部门用人的详细需求；
- 负责初试和复试（业务技能把关）；

- 试用期考核。

（2）人力资源部

- 筛选简历并给用人部门提供合适的简历；
- 负责复试把关；
- 负责薪酬谈判。

（3）公司总经理

- 负责审批招聘计划；
- 负责员工录用审批工作。

5. 招聘管理流程

公司员工招聘按照以下流程执行：

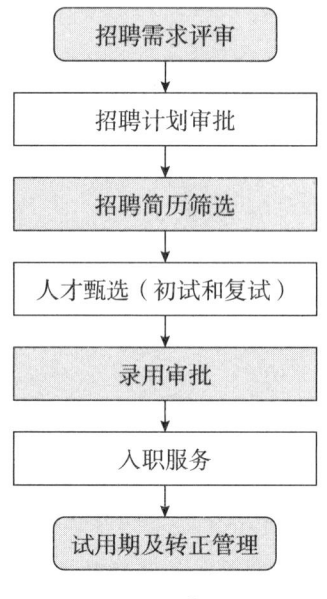

```
招聘需求评审
    ↓
招聘计划审批
    ↓
招聘简历筛选
    ↓
人才甄选（初试和复试）
    ↓
录用审批
    ↓
入职服务
    ↓
试用期及转正管理
```

图 3-1　招聘流程图

关于招聘流程详细说明如下：

（1）招聘需求评审

（2）招聘计划审批

（3）招聘简历筛选

招聘专员对应聘简历进行分类初选，并将初选简历提交用人部门负责人，用人部门负责简历的复选，并将面试名单与面试日期反馈给招聘专员。

（4）人才甄选

• 初试

初试由人力资源招聘专员与待聘岗位的直接主管共同完成，视实际需要采用面试、笔试等方式进行。初试时，应聘者填写《面试人员登记表》，招聘专员打印应聘者电子版简历以备面试使用，并做好面试记录；

待聘岗位的直接主管需要从应聘者的职业资格、专业知识、工作经验、专业技能、从业能力、可培养性等角度对应聘者进行测评，填写《员工面试评价表》中的相关评价；

人力资源招聘专员需要从应聘者的教育背景、性格品质、交流能力、礼仪、工作期望等方面对应聘者测试，填写《员工面试评价表》中的相关评价，并就薪酬福利情况做出初步商谈；

初试后人力资源招聘专员需要与待聘岗位的直接主管就面谈结果达成一致意见，初试未通过者，由人力资源招聘专员负责通知应聘者。

• 复试

复试由人力资源招聘专员联系相关部门负责人、人力部门负责人等进行；

部门经理及以上级别的人员招聘，需由人力资源经理与主管副总／中心级领导联合面试，通过后方可录用；

部门内的主管级以及关键岗位人员招聘，需相关部门经理与该岗位主管副总联合面试，通过后方可录用。

（5）招聘录用审批

人力资源招聘专员对拟录用人选做适当的背景调查，如发现问题则不予录用，否则向已决定录用的合格人选发出《录用通知》（书面或E-mail）。通知中包括：新员工具体的上岗日期、岗位、合同期等，以及上岗当日应带齐的资料（照片、学历／学位证书、职称证书、职业资格证书、与原单位解除劳动关系证明等）；

相关部门负责人需要对人力资源招聘专员以及待聘岗位的直接主管的面谈结果进行进一步考察、核实，填写《新员工录用审批表》。

6. 招聘渠道的选择

公司可采用的招聘渠道主要包括网络招聘、内部推荐以及猎头等方式。

- 网络招聘：通过专业人才网站进行招聘；
- 内部推荐：鼓励员工以内部推荐的形式，积极推荐自己的同学、朋友、同事等优秀人才加入公司或向公司提供人才信息（特殊岗位除外），被推荐人通过试用期考核转正后，人力资源部根据该职位与录用者任职资格等级，对于推荐者予以奖励；
- 做好猎头供应商的选择，为公司猎取高端人才；
- 校园招聘：通过校园招聘建设公司人才梯队，以校园论坛、校园宣讲会、提供实习岗位等方式补充所需人才。

人力资源部负责开拓其他招聘渠道并及时汇总各种渠道，最终形成《招聘渠道汇总表》，同时定期做好对供应商的评价。

7. 人才测评要求

- 初试关键人才测评要求

生产人员要求进行现场实际操作能力测验，研发人员要进行技能考试。

- 复试关键人才测评要求

关键岗位的人才要采用必要的人才甄选技术进行复试，如文件筐测试、情景模拟测试等，重点考察变革意识、决策意识、管理能力、创新能力、较高的成就追求以及沟通能力等方面。

8. 试用期管理规定

公司所有正式员工试用期规定为3个月，入职后签订为期3年的《劳动合同》。
相同工作岗位工作年限为3年以下的试用期工资为转正工资的80%。
特殊优秀人才工作年限5年以上（含）试用期工资和转正工资可一致。
特别优秀的人才可以申请提前转正。

9. 招聘成本控制

（1）招聘渠道选择规定

- 高级人才：核心稀缺高级人才可采用猎头，和猎头签订《猎头服务协议》；
- 普通员工：不允许通过猎头招聘，应采用常规的网站招聘方式。

（2）财务审批权限

招聘单次费用（如参展会场费、广告费以及网络招聘费用）2000元以下的由人力资源总监审批，超过2000元（含）由总经理审批。

10. 招聘管理责任

- 《新员工录用审批表》必须经过公司直接主管副总（或总经理）审批后，方可发录用通知单。凡是因擅自发送录用函而导致的劳动纠纷，所有涉及的经济赔偿责任个人自负；
- 没有经过正规严谨的招聘流程规定，擅自录用员工的部门负责人，公司按照劳动纪律管理制度中严重违纪条款之规定给予开除处理；
- 试用期用人部门没有落实考核责任，无法证明试用期内新员工是否符合录用条件，导致试用期解聘劳动纠纷，用人部门承担一切管理责任和经济赔偿。

11. 制度配套记录

- 《年度招聘计划表》
- 《人员招聘申请表》
- 《应聘人员登记表》
- 《员工面试评价表》
- 《新员工录用审批表》
- 《新员工录用通知书》
- 《人才推荐表》

12. 制度生效

本项管理制度自××××年××月××日正式生效，本项制度最终解释权归人力资源部。

H 小贴士 Human Resources

上述制度框架仅供参考，招聘流程可根据企业实际情况做调整和优化，具体内容请根据企业实际情况进行完善，千万不要机械照搬。

05 员工招聘常用管理模板

【模板001】《年度招聘计划表》

【使用时机】年度招聘计划启动，作为年度招聘工作计划的重要依据

【模板范例】

表3-1　　　　　　　　　　　　年度招聘计划表

招聘实施部门			所属年度				
人才供求分析							
招聘依据							
人才梯队分析	（提示：哪些核心骨干缺乏后续人才供给）							
优化调整安排	（提示：哪些员工要优化掉）							

部门	岗位名称	规划人数	计划招聘人数	重要紧急程度	到岗时间要求	招聘渠道	薪酬范围	……	备注
审批栏									

【使用须知】建议企业对招聘计划进行非常严格的内部评审，避免招聘随意的现象。

【模板 002】《新员工招聘申请表》

【使用时机】 招聘新员工需要预先走审批流程

【模板范例】

表 3-2　　　　　　　　　新员工招聘申请表

需求部门			需求岗位	
申请日期	＿＿年＿＿月＿＿日		到岗日期要求	
招聘类型	□招聘计划外新增人员　□离职补充　□人员优化调整　□其他			
招聘必要性分析					
部门招聘人员需求清单						
岗位名称	需要招聘人数	编制人数	现有人数	紧急程度	薪酬范围	……	特殊说明
岗位描述	××岗位： ××岗位： ××岗位：						
主要职责							
任职资格							
（审批栏）	请按照公司《招聘制度》规定的实际审批权限设置						

【使用须知】（1）有的企业规定如果有审批过的《招聘计划》，可以不用提交《招聘申请》审批，有的企业规定即使有计划也要单独提交申请，特别是计划外的招聘，必须要申请，制度中应明确规定；（2）招聘需求如果需要严格控制，必要时应组织内部评审。

【模板003】《应聘人员登记表》

【使用时机】应聘人员到公司应聘时需要登记

【模板范例】

表3-3　　　　　　　　　　　应聘人员登记表

应聘职位				应聘部门		
中文姓名		性别		出生日期		
民族		户口		婚姻状况		
身份证号			籍　贯			
最高学历		专业		毕业时间		
学历类型	□统筹　□自考　□成教　□函授　□其他					
毕业院校				第一外语		水平
手机号码		紧急联系人及联系电话				
电子邮件						
目前住址						
工作经历（从最近的经历开始）							

起止日期		工作单位及部门	职位	离职原因	薪酬（税前）	证明人及联系方式
年/月	年/月					

当前薪酬档案社保及公积金状况

- 个人档案存放地：_____
- 已参加的社会保险项目：□养老　□失业　□医疗　□工伤　□失业　□住房公积金
- 目前薪酬（月薪税前）：_____元/月
- 期望待遇（月薪税前）：_____元/月
- 最低期望待遇（月薪税前）：_____元/月

续表

个人声明
本人承诺以上所提供事实的真实性。本人承诺个人提供的电子简历和填写的简历内容是一致的，如有虚假愿意承担被解聘的后果。 应聘人员（签字/日期）：

【使用须知】应聘登记表看起来简单，实际上暗含很多管理奥秘：（1）应聘人员登记表信息填写不完整：应聘者是否有难言之隐，是否有要隐瞒的真相，这些是面试需要关注的要点；（2）应聘人员拒绝填写登记表，作为招聘负责人有权停止面试，原因在于不尊重企业面试流程的人员缺乏管理规范的观念。（3）应聘登记表和网上简历内容的核对：可以通过差异分析得出应聘人员是否有简历造假行为，作为面试人员必须细致观察和审阅。

【模板004】《新员工面试评价表》

【使用时机】员工面试时，相关面试官填写本表

【模板范例】

表3-4　　　　　　　　　　新员工面试评价表

员工姓名				应聘岗位		
面试日期				面试官		
评分类型	评分维度	具体项目		评价项目		实际评价
评分维度	基本条件	学历要求				
		专业要求				
		工作经验				
		职业认证				
	必备知识	专业知识				
	必备技能	专业技能				
	能力要求	管理能力				
		交际能力				

续表

评分维度	素质要求	胜任素质	
	价值观	价值观	
	……	……	
主要优点			
突出缺点			
笔试成绩	□研发人员笔试成绩（　　）分 □不涉及		
综合评价	□优秀-希望确保录用 □良好 □一般-可备选 □很差-淘汰		
面试官签字			

【使用须知】上表中的评价项目仅供参考，请根据企业实际情况做调整和修正。

【模板005】《新员工录用审批表》

【使用时机】新员工录用前需要走公司内部的正式审批流程

【模板范例】

表3-5　　　　　　　　　　新员工录用审批表

拟录用员工姓名		录用部门	
安排岗位		计划入职时间	
最高学历		最高学位	
最后毕业学校		籍贯	
毕业时间		工作年限	
招聘类型	□新招聘职位 □离职补充（□刚提出离职 □已经离职） □已录用员工提出爽约		
招聘渠道	□网站 □猎头 □同事推荐 □校园招聘 □招聘会 □媒体广告 □其他		
招聘周期	＿＿年＿＿月＿＿日至＿＿年＿＿月＿＿日		
招聘依据	□年度计划内 □填补人员离职空缺 □其他因素		
薪酬待遇	转正工资＿＿＿＿＿元（试用期＿＿个月试用期工资＿＿＿＿＿元）		

续表

合同签署	合同（协议）类型：_____ 合同签署期限___年
用人部门确认	初试面试：_____ 复试面试：_____ 笔试成绩：□无 □有／笔试成绩___分 面试评价：□优秀 □良好
	安排岗位： 直接导师： 考核安排：
录用审批栏	（请根据实际审批权限和流程设计）

【使用须知】只有总经理（或《招聘制度》中规定的副总）审批后，才可以给新员工发正式的《录用通知书》。

【模板006】《新员工录用通知书》

【使用时机】录用审批后通过电子邮件发正式通知

【模板范例】

表3-6　　　　　　　　　　新员工录用通知书

尊敬的_____先生（女士）， 您好，祝贺并欢迎您加入我们的大家庭！ 为了保障您的权益，入职相关要求如下：	
录用职位	
薪酬待遇	您的试用期薪资为转正后工资的___%，试用期工资为月人民币___元（税前，大写为_____），公司通用的福利按公司规定发放。 其他约定福利： （1）_____ （2）_____ （3）_____
报到日期	请您最迟于___年___月___日前正式入职（逾期视同您放弃被录用资格），请于上述到职日期上午9:00向公司报到，填写员工情况登记表，签订《劳动合同》，接受新员工入职培训等。
试用期	您的试用期为___个月，试用期如果不符合录用条件最多延长到6个月。

续表

录用标准	您的个人技能已达到所应聘岗位的录用标准，并接受职位所要求的标准考核。标准考核如下： （1）_____　（2）_____ （3）_____　（4）_____ （5）_____
相关手续	如无异议，请您办理下列相关手续 （1）开具与原单位解除劳动关系的证明（应届生要有报到证等相关手续）； （2）体检：入司前 6 个月内的体检报告才有效； （3）其他：_____
报到与入职	以上手续办理完毕后，请持以下材料于___年___月___日___时，到_____人力资源部报到，需要所持材料分类如下： 关键材料 1：与前一单位的解除劳动关系证明（必须盖公章，应届生不需要）； 关键材料 2：身份证或户口簿原件和复印件； 关键材料 3：学历、学位原件和复印件。 可选材料： （1）职称及其他证书等原件和复印件； （2）获得各项荣誉和奖励证明； ……
特别提示	关键材料提交不全视同您不符合录用条件，本公司将不予办理报到手续，请收到《录用通知书》后确认，及时把此通知反馈给人力资源部。
录用确认	请签署此承诺函传真给我们（传真号码_____），或者收到邮件 48 小时内正式确认，以示您接受录用（逾期视同您放弃入职资格）。 请对本承诺函内信息保密。 如有任何问题，请随时与人力资源部门相关人员联系。

【使用须知】（1）录用通知书，要特别关注填写内容的完整性和规范性，防止关键的录用条件、薪酬待遇等条款发生歧义和争议。（2）录用通知书要有确认时限要求，通常为 2 天（48 小时）。如果没有及时确认，逾期视同放弃权利。（3）录用通知书要正式确认录用条件，防止入职后发生争议。

【其他模板】在员工招聘过程中，还可能用到《招聘计划审批表》《人才推荐表》《背景调查记录表》《新员工入职服务跟踪表》等模板，可根据需要自行编制。

经验分享 Human Resources

员工招聘是人力资源的核心模块。无论是制度还是模板表单的采纳，都蕴含了企业的管理理念、管理思想和管控模式。对员工招聘感兴趣的读者可深入研究贺清君老师的专著《招聘管理从入门到精通》，该书有丰富的管理模板可参考借鉴。

第4章
员工入职和转正管理

规范、有序的入职管理体现的是公司的实力和形象。入职到转正期间涉及试用期管理。试用期考核对新员工管理至关重要。根据表现结果，不同的员工有不同的转正流程。这对提升转正效率至关重要。

01 入职转正主要管控目标

入职转正的管理目标：

（1）规范入职流程，让新员工入职办理有序，体现公司的优质服务；

（2）通过试用期考核和转正管理让劳动者和用人单位相互考察，进而决定双方是否建立劳动关系。试用期是企业考察员工是否符合岗位要求的过程。

02 入职转正制度设计思路

入职到转正期间涉及试用期管理。所谓的试用期，我们习惯上又叫"适应期"或者"考察期"，是指用人单位和劳动者为相互了解、选择而在劳动合同中约定的不超过6个月（含）的考察期。

我国《劳动合同法》第19条规定"劳动合同期限三个月以上不满一年的，试用期不得超过一个月；劳动合同期限一年以上不满三年的，试用期不得超过二个月；三年以上固定期限和无固定期限的劳动合同，试用期不得超过六个月。同一用人单位与同一劳动者只能约定一次试用期"。

03 入职转正风险防范要点

关键风险是试用期的随意性：很多企业在试用期发现所招聘的员工不符合岗位要求，通常都会以"试用期不符合录用条件"为由解除双方之间的劳动合同关系，如果不谨慎处理不仅达不到解除的目的，反而使单位陷入"用也不是，不用也不是"的两难境地。

《劳动合同法》对员工不符合录用条件的界定不明确。每个企业不同的岗位都有自己的录用条件。如果企业没有公示某个岗位的具体录用条件，那它以不符合录用条件为由辞退员工是违法的，并承担非法解除劳动关系的法律后果。

04 入职转正管理制度设计

入职办理、试用期考核和转正管理内容列举如下：

1. 入职办理

新员工到岗当日，人力资源招聘专员通过打印《新员工服务流程跟踪表》进行全程服务跟踪，包括但不限于：发《新员工欢迎函》、证件核查（身份证、毕业证、学位证、离职证明、体检报告）、新员工《录用条件》签字、门禁卡和考勤指纹录入、领卡并在《新员工领用门禁卡登记表》上签字、《员工手册》传阅签字、入职当天与新员工签订《劳动合同》和《保密协议书》。

2. 试用期考核

新员工入职1周内，用人部门需要提交《新员工试用期考核表》并且经新员工签字确认后，提交人力资源部备案。试用期结束前10个工作日内完成试用期考核。

3. 转正管理

试用期结束前 10 天，人力资源部根据试用期考核结果确定试用期考核合格的新员工。人力资源部应通知试用期考核合格的新员工提交《转正审批表》并走审批流程。

上述内容在管理实践中可融入《招聘管理制度》中，也可以依据本书提供的制度模板单独制定《员工入职及转正管理规定》，在此不做过多的赘述。

05 入职转正常用管理模板

【模板 001】《新员工入职服务跟踪表》

【使用时机】新员工可通过《服务跟踪表》规范其入职手续

【模板范例】

表 4-1　　　　　　　　新员工入职服务跟踪表

序号	办理事项	办理须知	指定负责人	实际办理结果
1	各项入职准备工作	座位、电脑准备、开通电话和网络等		□完成□未完成□ N/A
2	发《新员工欢迎函》	欢迎函为最新版本		□完成□未完成□ N/A
3	证件核查（身份证、学历学位证、离职证明、体检报告等）	通过专业网站（如学信网等）核查学历的真实性		□完成□未完成□ N/A
4	新员工签订《新员工录用条件确认书》	必须签字承诺		□完成□未完成□ N/A
5	发放考勤卡	讲解好考勤制度		□完成□未完成□ N/A
6	《员工手册》签字	对公司管理制度的确认和承诺		□完成□未完成□ N/A
7	新员工欢迎邮件	标准格式的欢迎邮件，抄送相关知情人和领导		□完成□未完成□ N/A
8	与新员工签订《劳动合同》	最迟 7 天内必须签订		□完成□未完成□ N/A

续表

序号	办理事项	办理须知	指定负责人	实际办理结果
9	指定导师完成《导师培养计划表》	确保新员工及时得到指导和培训		□完成□未完成□ N/A
10	建立新员工档案	确保各项信息完整，并通过人力审核		□完成□未完成□ N/A
11	办公电脑和办公用品领用	具备办公条件		□完成□未完成□ N/A
12	开通电子邮件	提示员工及时修改电子邮件密码		□完成□未完成□ N/A
13	新员工入职培训	公司级		□完成□未完成□ N/A
14	部门业务培训	部门统一安排		□完成□未完成□ N/A
15	试用期考核	试用期是否符合录用条件的考核安排		□完成□未完成□ N/A
16	名片制作	名片制作等		□完成□未完成□ N/A
17	……	……		……
18	转正答辩会	试用期答辩		□完成□未完成□ N/A

【使用须知】根据公司的实际管理情况做服务项目的增加、删除、修改等工作。

【模板002】《全员信息表》

【使用时机】新员工入职时，要即时更新全员信息表，确保公司统一维护最新的表单

【模板范例】

表4-2　　　　　　　　　　　全员信息表

| 序号 | 姓名 | 员工类别 | 员工号 | 入职登记信息 ||||||| 在职 || 离职信息 || 备注 |
				入职日期	所在部门	职位	身份	出生日期	性别	…	奖惩	违纪	日期	类型	…	
1																
2																
3																

续表

序号	姓名	员工类别	员工号	入职登记信息						在职		离职信息		备注
				入职日期	所在部门	职位	身份	出生日期	性别	…	奖惩	违纪	日期	类型	…	
4															
5															
6															
7															
…															

【使用须知】（1）建议通过 EXCEL 来制作；（2）《全员信息表》贯穿员工从入职到离职的全过程。

【模板003】《新员工试用期考核确认表》

【使用时机】新员工试用期考核时采用

【模板范例】

表 4-3　　　　　　　　新员工试用期考核确认表

员工姓名		员工编号	
所在部门		考核负责人	
考核周期	＿＿年＿＿月＿＿日到＿＿年＿＿月＿＿日		
试用期录用条件确认			
试用期关键考核内容	• 考核项目： • 考核级别：□ A- 必须按时完成 □ B- 可协商调整 □ C- 可适度延期 • 考核权重：＿＿% • 单项得分计算方式：		
试用期关键考核内容	• 考核项目（2）： • 考核级别：□ A- 必须完成　□ B- 可和上级主管共同协商调整　□ C- 可适度延期 • 考核权重：＿＿% • 单项得分计算方式：		

续表

试用期关键考核内容	• 考核项目（3）： • 考核级别：□ A- 必须完成 □ B- 可和上级主管共同协商调整 □ C- 可适度延期 • 考核权重：＿＿＿% • 单项得分计算方式：
	……
考核结果及对应处理方式约定	双方约定考核分数计算方式： 考核成绩约定：考核满分 100 分，若试用期考核周期内被考核员工得分低于 59 分或任意一项考核级别为 A 的指标得分低于该项满分的 60%、任意一项考核级别为 B 的指标得分低于该项满分的 50%，即不符合录用条件，试用期考核为不合格。
员工确认	本人已经阅读了上述考核内容，郑重承诺本人完全具备上述关键必须具备的录用条件，本人授权公司根据相关制度在试用期对本人进行严格考核，如果达不到关键录用条件约定的考核要求，本人愿意接受公司所有处理结果，包括下调录用薪酬、调岗乃至被解聘。 被考核新员工（签字/日期）：＿＿＿＿
转正考核	
实际考核结果	员工自评分： 被考核新员工（签字/日期）：＿＿＿＿ 上级主管评分：＿＿＿分（满分 100 分） 试用期考核：□提前转正 □按时转正 □试用期解聘 上级主管（签字/日期）：＿＿＿＿
人力资源审核确认	试用期考核结果：□提前转正 □按时转正 □试用期解聘 人力资源总监（签字/日期）：＿＿＿＿

【使用须知】试用期考核是录用条件的量化和具体化。

【模板 004】《新员工导师培养计划表》

【使用时机】员工试用期培养，入职时由导师完成并和新员工沟通确认

【模板范例】

表 4-4　　　　　　　　　　新员工导师培养计划表

新员工姓名		身份证号	
职位		部门	
培养计划	目前该员工已经具备的能力： 欠缺的技能： 试用期培养计划：		
	培养技能	培养方式	培养目标
导师签字确认	导师（签字/日期）		
导师培养计划跟踪表	计划完成情况：□完成 □未完成 对应的绩效奖惩： 　　　　　　　　　　　人力资源部（签字/日期）		

【使用须知】很多企业建立导师培养制度，需要根据企业的实际情况制订培养计划。

【模板 005】《员工转正审批表》

【使用时机】员工转正前走审批流程

【模板范例】

表 4-5　　　　　　　　　　员工转正审批表

新员工姓名		身份证号	
职位		部门	

续表

试用期	___年___月___日到___年___月___日
试用期重点工作总结	（提示：针对《新员工试用期考核表》考核指标客观总结）
试用期导师给予的指导	
对公司或部门工作意见或建议	
导师意见	工作完成情况： 考核结果：□ A- 表现优秀　□ B- 表现一般　□ C- 表现较差
主管考评	试用期考核成绩（来自《新员工试用期考核表》）： 考评结果：□提前转正　□按期转正　□试用期不合格直接解聘 　　　　　　　　　　　　　　　　直接主管（签字/日期）_____
人力资源部审核意见	人力资源总监（签字/日期）_____
各级领导审批栏	（请根据审批流程完善）
人力资源部后续跟踪服务	□已发转正通知 □试用期直接解聘 　　　　　　　　　　　　　　　　招聘主管（签字/日期）_____

【使用须知】为了提高转正工作的效率，建议按照试用期考核级别走审批，表现突出的可提前转正并直接审批，表现差的必须走转正答辩会。

【模板006】《员工转正通知书》

【使用时机】在《员工转正审批表》审批通过之后，人力资源部要发正式

的《员工转正通知书》

【模板范例】

表 4-6　　　　　　　　　　员工转正通知书

尊敬的＿＿＿＿先生/女士：

　　我们很高兴通知您：鉴于您试用期表现优异，经公司组织讨论并确认，您已经顺利通过公司的试用期考核，将于＿＿年＿＿月＿＿日正式转正。

　　希望您再接再厉，取得更加优异的业绩。

　　特此通知！

人力资源部
＿＿年＿＿月＿＿日

【使用须知】HR 通过邮箱发通知即可。

【其他模板】试用期转正还可能用到《新员工转正答辩 PPT》等模板，可根据需要自行编制。

小贴士 Human Resources　试用期管理涉及员工劳动关系能否正常建立。对试用期管理感兴趣的读者可深入研究贺清君老师的专著《名企员工关系最佳管理实践》(中国法制出版社出版)。

第5章

员工考勤休假管理

考勤管理是企业对员工出勤状态进行规范化管理的一种管理制度，包括是否迟到早退、有无旷工请假、在岗还是出差等。休假管理是企业对员工各种假期进行规范化管理的管理制度。

01 考勤休假主要管控目标

第一，考勤管理为企业发展建立良好的工作氛围和秩序，规范假期、请假管理流程，提高审批效率。

第二，通过分析考勤数据不断提高考勤管理的针对性和有效性。

02 考勤休假制度设计思路

考勤方式的选择体现了企业对员工的信任，任何制度都不应该惩罚"好人"，考勤方式也是如此。对于一个企业而言，多数员工都是表现良好并且可信赖的。对于在考勤方面喜欢投机取巧并且业绩表现非常差的员工，一旦发现，要严格按照公司劳动纪律严肃处理。

03 考勤休假风险防范要点

- 风险点1：电子化考勤证据；

- 风险点2：特殊人员考勤，如销售人员的考勤如何做到灵活性和原则性的结合，通过何种方式让考勤更有效果；
- 风险点3：考勤作弊处理。

当然对于不同类型的企业，还要针对公司管理的特殊要求归纳关键的管控风险点。

04 考勤休假管理制度设计

基于考勤管理目标、制度设计思路和关键风险点防范，参考制度如下：

【范例】

公司考勤休假管理制度

一、目的

为维护公司正常的工作秩序，营造良好的工作氛围，依据国家有关法律法规相关规定，特制定本项管理制度。

二、适用范围

本项管理制度适用于公司全体正式员工。与公司建立劳务关系的、劳务派遣员工、实习生、兼职的各类人员根据双方签署劳务或实习协议另行规定。

三、考勤规定

1. 公司的考勤和休假的统一管理部门为人力资源部。

2. 公司工作日为每周一至周五，工作日时长为8个小时，工作时间为每个工作日上午8：30—12：00，下午13：00—17：30（对于研发部门实行弹性工作制，其上班时间8：30—9：00，下班时间：17：30—18：00）。

3. 实行弹性工作制以人力资源部审批为准。

4. 公司以每月1日至月底最后一个工作日为一个考勤周期。

5. 公司在办公地点安装了考勤打卡装置，所有正式员工（公司领导除外）一律要求通过考勤机执行考勤。

6. 驻外人员接受当地的考勤安排。

7. 销售人员在公司办公同样接受考勤，外出需要通过《员工外出登记表》进行登记。

8. 员工上班后忘记带考勤卡，须到人力资源部填写《忘记带卡登记表》，上班下班均需登记，同时必须由公司前台作为证明人签字。

9. 员工次月5日之前应及时处理上月所有考勤异常信息，经直接主管审批后交人力资源部统计备案。

10. 正常考勤人员在规定上班时间后30分钟内到岗为迟到（弹性工作制9:00点以后到公司算迟到），在规定下班时间前离岗为早退。迟到与早退均按"次"为计算单位。迟到或早退超过30分钟者应提前取得上级主管批准并于一个工作日内补办书面的事假手续，否则按旷工处理。

11. 迟到早退的处理：(1)员工每月有3次（含）以内善意迟到或早退机会，超过3次后每次扣除当月绩效×××元；(2)当月累计迟到或早退超过6次（含3次善意迟到或早退），或当年累计迟到或早退超过37次（含），公司按严重违反劳动纪律处理。

12. 因恶劣天气和交通故障等不可抗力事件造成的集体迟到由人资部统一向公司申请免考勤，经公司领导审批通过后生效。

13. 公司确因工作需要安排员工加班的，部门经理应提前填写《加班任务单》，经上级主管批准后，交人力资源部备案并支付加班工资。

四、休假规定

1. 请假规定

员工如果请事假、填写《请假申请单》，按照请假单规定的流程逐级审批，审批通过后在人力资源部备案。

2. 带薪年假规定

（1）员工累计工作已满1年但不满10年的，当年带薪年假总天数为5天；已满10年不满20年的，当年带薪年假总天数为10天；已满20年的，当年带薪年假总天数为15天。

（2）员工带薪年假以小时为计算单位，不满1小时的按1小时计算（每天8小时折算天数）。

（3）员工事假可以带薪年假抵消。

（4）当年入职并且试用期后方可享受年假，当年可享受年假按照入职天数比例折算，11月份之后入职的则不可享受当年年假。

（5）年假可以分次或集中休。

（6）已有资格享受带薪年假的员工离职时带薪年假按实际工作天数计算，如果员工实际休假天数已超过计算天数，超过的天数按事假日工资标准从结算工资中扣除。

（7）员工因个人没有申请休带薪年假的，当年年假视为自愿放弃。

（8）员工申请带薪年假需填写《请假单》，一次休年假在3天（含）以上的，员工须提前5个工作日提出申请。无论年假是否被批准，请假单均应交到人力资源部备案。

（9）当年没有休完的年假，次年春节之前集中休年假仍然有效，逾期视同自愿放弃休假权。

3. 病假规定

（1）病假以半天为单位请假，2天以内（含）部门经理审批。

（2）病假超过3天的员工须在修完病假后提交医院证明（诊断证明），无医院证明的病假按事假处理。

（3）请病假达5天（含）的，应出具挂号单据、病历及三级甲等医院诊断证明（包含建议休假时间），必要时须在人力资源部指定的三级甲等医院开具休假证明。

（4）当年累计休病假30天以内（含）病假工资为正常工资50%发放；当年累计病假30天以上者按当地最低工资标准发放。

（5）员工因患病或非因工负伤需要停止工作医疗时，按照《企业职工患病或非因工负伤医疗期规定》执行。

4. 婚假规定

（1）员工在本公司工作期间办理结婚手续者可享受婚假，申请婚假时须向人力资源部提供结婚证等证明。

（2）根据《婚姻法》以及《计划生育条例》的规定，员工按法定结婚年龄（女20周岁，男22周岁）结婚的可享受××天婚假。

（3）再婚的可享受法定婚假。

（4）婚假须在结婚登记之日起一年内一次休完，逾期视为自动放弃。

（5）婚假包括公休假和法定假期，应连续计算。

5. 产假规定

（1）公司严格根据《女职工劳动特别保护规定》第7条规定休产假："女职工生育享受98天产假，其中产前可以休假15天；难产的增加产假15天；生育多胞胎的每多生育1个婴儿增加产假15天"。

（2）女员工怀孕后2个月内应告知上级主管并应持怀孕和预产期证明原件到人力资源部备案。

（3）公司男员工配偶生产的，给予男员工连续7天的陪产假，陪产假需在配偶生产前后10天内一次性休完，否则过期作废。

（4）女员工有不满周岁婴儿的，每个工作日享有1小时的喂奶时间，该时间必须按时使用不能合并使用；多胞胎哺乳时间每多一胞胎每天增加30分钟。

（5）在规定的产假期间女员工的工资由生育保险和公司共同承担（按照国家生育保险政策规定：生育津贴属于员工生育期间国家发放的待遇，生育休假期间〈包括休晚育假期在内〉公司照常发工资的属于提前向女员工预支生育津贴，员工申请生育津贴和晚育津贴后公司代为扣除），没有生育保险的按实际工资发放。

（6）享受晚育假期的晚育津贴处理：晚育由女员工享受的，男配偶不得享受晚育假，享受晚育的女员工如果公司照常发放工资，晚育津贴必须从公司申请（如果女员工没有申请晚育津贴，公司将在女员工上班后第1个月开始扣除晚育假期给发的工资）。

（7）违反计划生育政策超生的享受产假，但是没有生育津贴和晚育津贴待遇。

6. 丧假规定

（1）员工及其配偶的直系亲属去世可请丧假。

（2）员工父母、配偶、配偶父母、子女去世可请丧假5天，兄弟姐妹、祖父母（外祖父母）去世可请丧假3天。

（3）丧假以天为计算单位须一次休完，否则作废。在丧假请假过程中，休息日及节假日均计算在内。

7. 工伤规定

（1）员工在工作时间内因工负伤应在24小时内书面报人力资源部。

（2）工伤假需按照国家有关规定提供有效的证明。

（3）工伤假其他事宜按国家《企业职工工伤医疗期规定》办理。

8. 事假规定

（1）员工请事假以半天为计算单位，不满半天的按半天计算。事假可以带薪年假抵消。

（2）员工没有剩余可休年假抵消的，这种事假则不发工资。

9. 旷工规定

（1）旷工定义：员工没有来公司上班、利用公出时间办私事的、出差未按规定办理出差手续、工作期间擅自离岗的、未办理完毕请假续假手续（以取得请假批准回执为准）缺勤的、未正式提出书面离职申请玩失踪的、申请休假的理由与实际情况不符（或无法提供休假证明）而已休假的。

（2）旷工期间扣发双倍工资。

（3）连续旷工超过2天（含2天），或在连续12个月内累计旷工5天，公司可按严重违反劳动纪律立即与其解除劳动合同关系。

五、管理责任

1. 人力资源部负责在每月结束后及时统计员工考勤信息，形成《月度考勤统计表》报给薪酬主管核算当月薪酬。

2. 员工的考勤管理直接责任人为其上级主管经理。

3. 上级主管经理要按时处理员工考勤异常信息并对审批结果负责，凡是与员工共同作弊者一律按照严重违纪给予开除处理。

六、违纪处理

1. 代人考勤或考勤信息变相处理、伪造编造和篡改考勤记录等行为，视同严重违反劳动纪律行为，公司按照《劳动纪律管理制度》严肃处理。

2. 员工考勤异常信息没有按规定时间处理：年度只警告一次之后开始计次，第一次发现扣除月度绩效工资10%，第二次20%，第三次30%，第四次40%，依次按照10%速度累加直到绩效工资部分彻底扣除。

3. 部门经理没有及时处理员工考勤异常信息：年度先警告一次限期处理之后开始计次，按照次数计算，第一次没处理扣除月度绩效工资10%，第二次20%，第三次30%，第四次40%，依次按照10%速度累加直到绩效工资部分彻底扣除。

（提示：上述逐级加重的措施可防止不重视考勤的现象）

七、相关制度

《员工劳动纪律管理制度》

八、相关记录

《员工请假申请单》

《员工外出登记表》

《出差申请表》

《月度考勤休假统计表》

九、制度生效

本项制度经公司工会集体评审，总经理审批，自××××年1月1日正式生效。

公司此前发布过的《考勤休假管理规定》历史版本同步废止。

本项管理制度最终解释权归公司人力资源部。

> **经验分享 Human Resources**
>
> 上述制度仅供参考，请根据企业的具体实际情况完善。良好的考勤休假管理制度也是企业优秀文化和人性化管理的体现。
>
> 此外，在编制《考勤休假管理制度》时要认真研究各地区的特殊规定，如北京市《人口与计划生育条例》的相关规定。

05 考勤休假常用管理模板

【模板001】《员工请假申请单》

【使用时机】员工请假需要通过请假申请单来实现事前审批

【模板范例】

表5-1　　　　　　　　　　　员工请假申请单

申请人		所在部门	
请假类型	□带薪年假　□事假　□病假　□丧假　□产假　□加班倒休 □陪产假　□工伤　□婚假　□其他		
请假日期	＿＿年＿＿月＿＿日＿＿时＿＿分到＿＿年＿＿月＿＿日＿＿时＿＿分 （半天为单位）		
请假事由			
请假期间 工作安排			
请假须知	请假之前本人已认真阅读《考勤休假管理制度》并严格按照制度执行。 　　　　　　　　　　　　　　　　申请人（签字/日期）＿＿＿＿		
审批栏	（请根据实际审批流程顺序和审批权限完善表单）		
实际请假 结果	实际请假日期： 需要附带证据：（如婚假需要提交结婚证等） 　　　　　　　　　　　　人力资源部确认（签字/日期）＿＿＿＿		
【备注】本表最终在人力资源部备案作为考勤的数据。			

【使用须知】企业可以通过内部管理信息系统实现假期的规范化管理。

【模板002】《员工加班审批表》

【使用时机】员工加班事先审批，否则企业有权不承认

【模板范例】

表 5-2　　　　　　　　　　　员工加班审批表

申请人		所在部门	
加班类型	□部门统一要求　□公司统一要求　□个人自愿加班		
加班事由			
加班日期	___年___月___日___时___分到___年___月___日___时___分（半天为单位）		
请假后续处理	□日后倒休/调休　□按照劳动法支付加班费		
加班须知	请假之前本人已认真阅读《考勤休假管理制度》并严格按照制度执行。 申请人（签字/日期）_____		
审批栏	（请根据实际审批流程顺序和审批权限完善表单）		
实际请假结果确认	实际加班日期： 主要加班证据： 人力资源部确认（签字/日期）_____		
【备注】本表最终在人力资源部备案并作为考勤数据。			

【使用须知】公司《考勤休假管理制度》要非常明确的一点就是，员工加班必须事先审批，否则就视同自愿加班行为，这一点对回避未来各种劳动纠纷至关重要。

【模板 003】《出差申请表》

【使用时机】员工出差前需要预先批准

【模板范例】

表 5-3　　　　　　　　　　　出差申请表

申请人		所在部门	
出差事由			
出差日期	___年___月___日		

续表

返回日期	___年___月___日
交通工具	□高铁/动车 □火车 □飞机 □轮船 □其他
同行人员	
……	
审批栏	（请根据实际审批流程顺序和审批权限完善表单）
实际出差结果	实际出差日期：_____ 实际返回公司日期：_____ 　　　　　　　　　　　　直接领导确认（签字/日期）_____
【备注】本表最终在人力资源部备案并作为考勤数据。	

【使用须知】出差审批表最终出差结果和公司各种补助（例如出差补助）计算关联。

【模板004】《本地外出登记表》

【使用时机】员工离开公司外出办事需要登记

【模板范例】

表 5-4　　　　　　　　　　本地外出登记表

部门名称			考勤负责人		
日期	姓名	外出时间	返回时间	外出事由	审批人（证明人）
审批栏	（请根据实际审批流程顺序和审批权限完善表单）				

【使用须知】外出登记可由公司前台统一集中管理，每月考勤结束日统一

由各部门负责人签字确认，这样可提高考勤效率。

【模板005】《月度考勤休假数据汇总表》

【使用时机】考勤周期结束后生成考勤原始记录

【模板范例】

表5-5　　　　　　　　　　月度考勤休假数据汇总表

部门名称											
姓名	员工号	应出勤天数	在岗天数		不在岗天数				违纪		备注
			考勤天数	本地外出	出差	旷工	各种假	……	迟到	早退	
制表人											
审批确认	（请根据实际审批流程顺序和审批权限完善表单）										

【使用须知】应出勤天数建议通过日历查询，不在岗主要涉及病假、年假、事假、婚假、丧假、产假、工伤和旷工等情形，请根据实际制度要求进行完善。

很多考勤机自带管理系统软件，要科学使用，为了保证考勤信息的准确性，需要和员工本人乃至员工上级主管反复确认。

考勤数据最好做成EXCEL，EXCEL可自动计算。本人专著《老HRD手把手教你做薪酬》提供的《考勤休假统计表》非常专业，并且有详细的计算公式，感兴趣的读者可学习。

【模板006】《员工考勤违纪处罚通知书》

【使用时机】考勤违纪时按照制度规定给予处罚

【模板范例】

表 5-6　　　　　　　　　　员工考勤违纪处罚通知书

违纪人员			所在部门	
违纪事实描述				
检查人员				
违纪日期	___年___月___日			
处罚依据	依据《考勤休假管理制度》第___条___款规定			
违纪性质	□轻微　□一般　□严重（需要解除劳动合同）			
相关处理	请您接到本通知（　）日内，限期完成以下内容： □提交《自我检讨书》给人力资源部 □提交《考勤纪律承诺书》给人力资源部 □严重违纪行为请您限期内主动离职。			
	人力资源部通知人员： 正式通知日期：___年___月___日			
员工签字确认	员工签字：_____　签字日期：_____			
上级领导处理意见	通报范围：□部门内　□全公司　□仅通知本人抄送相关领导 通报方式：□电子邮件　□海报　□其他方式 　　　　　　　　　员工上级领导签字：_____　签字日期：_____			
公司审批	处理意见： （请根据实际审批流程顺序和审批权限完善表单）			

【使用须知】任何制度都不应该处罚好人。人力资源部下发《考勤违纪处罚通知书》前，必须通过电子邮件或者面谈等方式和用人部门领导充分沟通，双方达成共识之后再下发通知。此外，员工违纪需要本人签字确认以保留好违纪铁证。

H经验分享 Human Resources

考勤休假管理看起来很简单，实际想要做好并不容易。考勤休假管理涉及企业经营管理理念、薪酬管理，感兴趣的读者可深入研究贺清君老师的专著《企业人力资源管理全程实务操作》和《老HRD手把手教你做薪酬》。

第6章
员工劳动合同管理

劳动合同是企业与劳动者建立劳动关系的法律凭证，它通过合同这一法律形式把企业和劳动者联系在一起形成劳动关系，并通过劳动合同的内容规范和约束双方当事人的劳动行为。

01 劳动合同主要管控目标

规范企业和员工的责权利，维护企业和员工的合法权益，避免劳动纠纷，从而成为企业劳动管理的有效手段。

02 劳动合同模板设计思路

覆盖《劳动合同法》关键法律条款要求，同时融入企业定制化的管理需求。

03 劳动合同风险防范要点

- 风险点1:《劳动合同》没有覆盖《劳动合同法》的关键要点，容易引起纠纷。
- 风险点2：由于劳动合同签署或续签失误造成事实劳动合同纠纷。
- 风险点3：劳动合同管理混乱的风险，日常缺乏统一的规范管理。

04 劳动合同管理模板设计

HR 部门可通过制定标准的合同条款来规范企业签订劳动合同内容。业界比较好的做法是装订胶印（或打印）成册的合同书，参考格式如下：

A. 合同封面

企业有条件的话，最好把合同印成标准的册子以体现企业管理的正规性。

封面要有"劳动合同书"标题，合同编号（企业制定编号规则并且保证唯一性），甲方和乙方信息以及合同签订日期等。

B. 合同封面内页

签订劳动合同须知

1. 签约双方应仔细阅读本合同书，以明确各自的权利、义务。用人单位和劳动者双方应充分了解《劳动合同法》，并应保证向对方提供的与劳动合同有关的各项信息真实有效。

2. 劳动合同必须由用人单位法定代表人或其委托代理人与劳动者本人签订。

3. 本合同一律使用钢笔或签字笔填写，字迹清楚、文字准确。合同中凡需双方协商的，经协商一致后明确填写在空格内。

4. 甲方聘用乙方时应查验乙方提供未与其他用人单位存在劳动关系的凭证后，方可与其签订劳动合同；乙方与原用人单位未解除劳动关系的，以及甲方聘用的退休人员，不能签订劳动合同。甲方有权了解乙方与劳动合同直接有关的基本情况，乙方应当如实说明。

5. 劳动合同期限三个月以上不满一年的，试用期不得超过一个月；劳动合同期限一年以上不满三年的，试用期不得超过二个月；三年以上固定期限和无固定期限的劳动合同，试用期不得超过六个月。同一用人单位与同一劳动者只能约定一次试用期，试用期包含在劳动合同期限内。

6. 社会保险费按国家规定缴纳，双方不能协商约定。

7. 解除或终止劳动合同的，甲方应当出具终止、解除劳动合同的证明书。

8. 甲方变更名称、法定代表人、主要负责人和投资人，不影响劳动合同的履行；甲方发生合并、分立，原劳动合同继续有效，劳动合同由承继其权利和义务的用人单位继续履行。

9. 甲方不得采取欺诈、胁迫等手段与劳动者签订违背其意愿的劳动合同。除约定服务期和竞业限制条款两种情形外，用人单位不得约定由劳动者承担违约金。应由劳动者持有的合同文本，用人单位不得代为保管。

10. 合同须由当事人签字生效，代签或冒签无效；如有修改处应经当事人按印认可。

11. 甲乙双方可以就保守甲方商业秘密与知识产权的内容和范围、权利义务、保密期限、违约责任以及竞业限制另行签订专项协议。

12. 合同正本必须由甲乙双方按盖骑缝印章，以示唯一、严密。

C. 合同正文

根据《中华人民共和国劳动法》《中华人民共和国劳动合同法》和国家及合同所在地区有关法律和法规，甲乙双方以平等自愿、协商一致为原则签订本合同，双方郑重承诺共同遵守本合同所列条款。

【公司（甲方）】_____

【甲方法定代表】_____

【甲方办公地址】_____

【员工（乙方）】_____

【乙方身份证号】_____

【居住地址】_____（邮政编码：_____）

【电子信箱】公司内部_____外部：_____

【联系方式】手机号_____

【紧急联系人】_____手机号_____

一、劳动合同期限

本劳动合同类型：

□固定期限劳动合同（本合同自____年____月____日起正式生效，至____年____月____日）。

□无固定期限劳动合同

□以完成一定工作为期限的合同，具体为_____。若乙方实际开始工作时间与合同约定起始时间不一致的，以实际开始工作时间为本合同实际起始时间。

本合同期满后，乙方仍按原约定履职的，甲方依照原合同约定支付相应的劳动报酬，经甲乙双方协商一致，可以续订劳动合同。

二、试用期约定

□无试用期

□固定期限劳动合同试用期为____个月（自____年____月____日至____年____月____日）

三、工作内容和工作地点

1. 乙方同意根据甲方工作需要，在_____部门承担_____类工作。

2. 根据甲方的岗位（工种）作业特点，乙方的工作区域（或工作地）为：

□办公地址（见上述办公地址内容）

□可调整办公地址：_____

四、工作时间和休息休假

1. 甲方安排乙方实行第_____项工作制度

A: 标准工作制：甲方安排乙方每日工作时间不超过八个小时，每周不超过四十个小时。甲方保证乙方每周至少休息一日。甲方由于工作需要，经与工会和乙方协商后可以延长工作时间，一般每日不得超过一个小时。

因特殊需要延长工作时间的，在保障乙方身体健康的条件下，延长工作时间每日不得超过三个小时，每月不得超过三十六个小时。

B: 综合计算工时工作制。

C: 不定时工作制。

2. 乙方执行有限弹性工时制的，在法律法规的范围内根据岗位特点以工作任务为主确定工时，平均日和平均周工作时间按照法定标准计算。

3. 加班流程要求：甲方安排乙方加班的，应提前填写《加班申请单》，经上级主管和中心负责人批准后交人力资源部备案，如无审批通过的《加班申请单》，乙方可以拒绝执行加班任务。

4. 乙方在合同期内享受法定节假日、公休日、年休假以及婚丧、生育等有薪假期的待遇，详见甲方考勤与休假管理相关制度的规定。

五、劳动报酬

1. 甲方给予乙方的工资结构为基本工资和绩效工资，基本公司和绩效工资结构比例为＿＿＿：＿＿＿，乙方的基本工资为＿＿＿＿＿＿元（月薪大写为人民币＿＿＿萬＿＿＿仟＿＿＿佰＿＿＿拾＿＿＿元整），其试用期的基本工资为＿＿＿＿＿＿元（试用期工资不得低于甲方相同岗位最低档工资或者本合同约定工资的80%，且不得低于甲方所在地的最低工资标准）。

合同期内甲方每月＿＿＿＿＿＿日前以货币形式支付乙方上月工资。若甲方未按时支付或乙方认为甲方未按时支付的，则视为甲方以书面形式告知乙方拒付工资日期。

2. 双方约定：甲方采用试用期考核的方式对乙方进行试用期考核，根据《试用期考核表》双方签署约定条款规范转正后正式工资与考核成绩的关系。

3. 甲乙双方就劳动报酬达成的相关约定：

（1）因不可抗力或甲方之外的第三方原因导致工资支付延期且经甲方事前声明的，不属于工资拖欠情形。

（2）甲方对乙方业绩考核、旷工、病假、事假、迟到、拖欠甲方款物等减发、扣发乙方工资的，不属于克扣工资情形。

（3）由于乙方原因给公司造成重大经济损失、客户重大投诉、重大质量事故，严重违反劳动纪律以及消极怠工等，给公司造成损失并且员工有投诉等各种不良行为，乙方接受甲方对本人以扣除工资方式给予的经济处罚，并且认可不属于克扣工资情形。

（4）乙方的个人所得税由乙方自行承担，甲方按国家相关规定代扣代缴乙方的个人所得税。

（5）乙方同意，有下列情形的甲方依据《薪资福利制度》变更月工资标准：

- 乙方的工作岗位职务或者岗位和职务职责发生变化的；
- 甲方根据生产、经营效益情况统一调整和变更的；
- 甲方根据乙方工作业绩考核结果变更的；
- 其他情况需要调整乙方月工资标准的。

（6）经员工个人申请、公司批准并且在人力资源部批准备案的加班，员工上级主管应安排倒休或按国家规定标准支付加班工资。

六、社会保险及其他保险福利待遇

1. 在合同期内，甲方按照国家和地方的有关规定为乙方缴纳各种法定的社会保险，按时足额缴纳和代扣代缴乙方的社会保险费。

2. 乙方患病或非因工负伤，其病假工资、疾病救济费和医疗待遇按照国家和地方的有关规定及甲方实施办法执行。

3. 甲方可以根据本单位的具体情况，依法制定内部职工福利待遇实施细则，乙方有权按照公司的福利待遇规则享受相关福利待遇。

七、劳动保护、劳动条件和职业危害防护

1. 甲方根据生产岗位的需求，按照国家有关劳动安全、卫生的规定为乙方提供必要的安全防护措施，发放必要的劳动保护用品。

2. 甲方根据国家的有关法律、法规，建立安全生产制度；乙方应当严格遵守甲方的劳动安全生产制度，严禁违章作业，防止劳动过程中的事故，减少职业危害。

甲方为乙方提供必要的劳动条件和劳动工具，建立健全生产工艺流程，制定操作规程、工作规范和劳动安全卫生制度及其标准。

3. 甲方应当建立、健全职业病防治责任制度，加强对职业病防治的管理，提高职业病防治水平。甲方应按照国家有关部门的规定定期组织安排乙方进行健康检查。

八、知识产权及相关保密约定

1. 甲方固有的和乙方在甲方任职期间创建的经营渠道、业务客户、人力资源、经营模式、经济合同等经济信息或情报和经营业务、管理技术方面的业绩或聘用期间所产生的职务作品，其知识产权，根据劳资双方有偿服务原则，均权属于甲方所有的企业资产和机密。

2. 对于甲方的企业资产和机密，未经甲方书面同意，乙方不得以任何理由在本职工作范围之外以任何形式擅自使用，包括采取以转让或授权等形式的非法使用，否则视为乙方违反相关的保密规定。

3. 在合同期内，乙方不得以任何借口在其他企业从事和本公司业务类似的兼职，不得擅自以甲方名义私自同第三方订立合同或进行交易。

4. 乙方调离甲方或合同期满，乙方应把所有的有关商业秘密的资料移交甲方，同时在离职 10 年内承担不向外泄露商业秘密的义务。

5. 乙方违反双方签署的《竞业限制》约定，除赔偿因此给甲方带来的直接经济损失以外，还应当向甲方支付违约金。

九、劳动合同的解除、终止以及经济补偿

1. 有下列情形的，甲乙双方应变更劳动合同并及时办理变更合同手续：

- 甲乙双方协商一致的；
- 订立本合同所依据的客观情况发生重大变化，致使本合同无法履行的；
- 订立本合同所依据的法律、法规、规章发生变化的。

2. 有下列情形之一的，甲方可以解除本合同，但是应当提前三十日以书面形式通知乙方或者额外支付乙方一个月工资：

- 乙方患病或者非因工负伤，医疗期满后不能从事原工作，也不能从事由甲方另行安排工作的；
- 乙方不能胜任工作，经过培训或者调整工作岗位仍不能胜任工作的，如在绩效考核中，考核不合格后经培训仍被考核为不合格的等；
- 本合同订立时所依据的客观情况发生重大变化，致使本合同无法履行，经当事人协商不能就变更本合同达成协议的。

3. 乙方有下列情形之一的，甲方可以随时解除本合同，且不承担经济补偿责任：

- 在试用期间被证明不符合录用条件的；
- 严重违反甲方规章制度的，按规章制度规定可以解除劳动合同的；
- 严重失职，营私舞弊，对甲方利益造成一千元（含）以上重大损害的；
- 被依法追究刑事责任的；
- 同时与其他用人单位建立劳动关系，对完成本单位的工作任务造成严重影响，或者经用人单位提出，拒不改正的；
- 以欺诈、胁迫的手段或者乘人之危，使甲方在违背真实意思的情况下订立或者变更劳动合同的；
- 应聘前曾受到其他单位记过、留厂察看、开除或除名等严重处分或者有吸毒等劣迹而在应聘时未声明的；
- 应聘前曾被劳动教养、拘役或者依法追究刑事责任但在应聘时未声明的；
- 法律法规规定的其他情形。

4. 乙方有下列情形之一的，甲方不得解除本合同：
- 在乙方患职业病或者因工负伤并被确认丧失或者部分丧失劳动能力的；
- 患病或者非因公负伤，在规定的医疗期内的；
- 女职工在孕期、产期、哺乳期内的；
- 乙方从事接触职业病危害作业未进行离岗前职业健康检查，或者疑似职业病在诊断或医学观察期间的；
- 在乙方连续工作满十五年，且距法定退休年龄不足五年的；
- 法律、行政法规规定的其他情形。

5. 有下列情形之一的，本合同终止：
- 甲方破产、被吊销营业执照、责令关闭、解散或者被撤销的；
- 乙方退休、退职、死亡、被宣告死亡或者被宣告失踪的；
- 甲乙双方实际已不履行本合同满三个月的；
- 法律、行政法规规定的其他情形。

6. 在试用期内，乙方如果计划辞职，那么至少需要提前三天提出。在正式合同期内，乙方要求解除劳动关系，需要提前三十日以书面形式通知甲方，并办理解除劳动关系手续。但乙方所承担的工作尚未完成，工作无法交接，马上离去会给甲方造成经济损失的，乙方暂不能解除劳动关系；乙方给甲方造成经济损失尚未处理完毕或因其他问题在被审查期间的，乙方不得解除劳动关系。

7. 本合同终止或解除，甲方应当在解除或者终止本合同时出具解除或者终止劳动合同的证明，并在十五日内为乙方办理档案和社会保险关系转移手续，不得无故拖延或拒绝。

8. 本协议期满，即行终止，任何一方需要续订合同时，在合同终止前一个月，经过对方同意后，可办理续签手续。

9. 连续订立二次固定期限劳动合同，除乙方提出订立固定期限劳动合同外，应当签订无固定期限劳动合同。

10. 甲方依照《企业破产法》规定进行重整的；或者生产经营发生严重困难的；或者企业转产、重大技术革新或经营方式调整，经变更劳动合同后，仍需裁减人员的；或者其他因劳动合同订立时所依据的客观经济情况发生重大变化，致使劳动合同无法履行的，经提前三十日向工会或者全体职工说明情况，听取工会或者职工的意见，并向劳动保障行政部门报告后，可以解除本合同。

十、双方其他约定

甲乙双方约定本合同增加以下内容：

1. 乙方变更联系信息的，必须及时提交甲方人力资源部备案，如乙方未及时通知甲方变更的，甲方以合同所注明地址、电子信箱发送的任何文件、实物视为送达。

2. 乙方声明其与甲方有竞争关系、合作关系的第三方不存在任何争议或纠纷。且不存在任何未解除的劳动关系和有可能影响甲方权益及本合同履行的情形。

3. 甲方采取无纸化办公，乙方应定期阅读公司内网中发布的各项通知及规章制度，并严格遵守。甲方人事管理规定、《员工手册》、《职位说明书》及其他内部规章制度为本协议的附件，与本协议具有同等法律效力，乙方应知悉并认可。

4. _____

5. _____

十一、劳动争议处理及其他

1. 双方因履行本合同发生争议，当事人可以向甲方劳动争议调解委员会申请调解；调解不成功的，可以向甲方所在地劳动争议仲裁委员会申请仲裁。

2. 本合同的附件如下：乙方身份证复印件、员工入职登记表以及甲方规定的其他入职相关文件。

十二、合同生效

1. 本合同生效前双方签订的任何《劳动合同》自本合同签订之日起自动

失效，其他之前签订的相关协议文本（包括但不限于《保密协议》《培训协议》和《竞业限制协议》）的规定与本合同不一致的，以本合同为准。

2. 本合同正本一式两份，甲乙双方各执一份，具有同等的法律效力。

3. 本合同未尽事宜可协商解决。如有与国家法律、行政法规等相抵触的按有关规定执行。

甲方（公章）＿＿＿＿＿＿　　　乙方（签字）：＿＿＿＿＿＿

签订日期：＿＿年＿＿月＿＿日　　签订日期：＿＿年＿＿月＿＿日

H小贴士 要把劳动合同模板和企业定制化管理结合起来，进而实现企业的管理目标。

05 劳动合同变更解除管理

在企业与劳动者签订劳动合同之后，企业极有可能根据客观情况做调整和变更。劳动合同变更分为法定变更和协商变更两种类型：

1. 法定变更

法定变更是指在特殊情形下，劳动合同的变更并非因当事人自愿或同意，这种变更具有强制性。这些特殊情况都是由法律明文规定的双方当事人必须变更劳动合同。例如，由于不可抗力或社会紧急事件，由于法律法规制定或修改导致劳动合同中的部分条款内容与之相悖而必须修改，劳动者患病或者非因工负伤在规定的医疗期满后不能从事原工作，劳动者不能胜任工作，劳动合同订立时所依据的客观情况发生重大变化或者因企业转产、重大技术革新或重大经营方式调整等企业内部经济情况发生变化的。

2. 协商变更

劳动合同双方协商变更程序：提出变更的一方提出变更理由，双方协商一致后签订变更合同。

只要双方协商一致同意变更，那么变更后的合同就会正式生效。

此外，劳动合同的解除分为劳动者提出解除、用人单位提出解除、双方协商一致解除以及企业不得提出解除劳动合同等类型。

> **小贴士 Human Resources** 劳动合同是员工劳动关系建立的凭证和依据。关于各种解除劳动合同的情形是否涉及经济补偿，对此感兴趣的读者可深入研究贺清君老师的专著《名企员工关系最佳管理实践》。

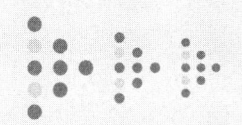

第7章
绩效考核管理

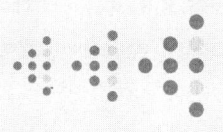

绩效考核，是指通过设定企业经营管理目标，运用一系列管理手段对组织运行效率和结果进行控制与掌握的过程，包括长期绩效管理和短期绩效管理。绩效管理不仅强调结果导向，而且重视达成目标的过程。

01 绩效考核主要管控目标

绩效考核是公司战略落地的抓手，是提高公司执行力的关键举措。它的核心目的是激励、鞭策员工，将员工行为引向企业的总体目标并形成合力。在企业内部通过绩效考核实现优胜劣汰，进而保持企业的竞争优势。

02 绩效管理制度设计思路

绩效考核是一把"双刃剑"，用好了它可以帮助企业不断提升工作绩效，用不好它就成为"烫手的山芋"，人人"避而远之"。在实施绩效考核的过程中，我们尽可能做到指标设计客观公正，坚持正向的引导作用，对于绩效表现好的员工要及时奖励，对于绩效差的员工要做客观分析，给予更多的改进机会，避免受到不公正的考核。

03 绩效管理风险防范要点

- 风险点1：绩效考核指标过于复杂或缺乏可操作性，绩效考核要尽可能量化管理，避免主观随意性；
- 风险点2：就绩效考核指标无法达成共识；
- 风险点3：绩效考核的负面影响，不公正的考核可能会导致被考核员工离职。

04 绩效考核管理制度设计

基于绩效管理目标、制度设计思路和关键风险点防范，参考制度如下：

【范例】

公司绩效考核管理制度

一、管理目的

为不断提升公司的经营管理效益和公司的管理水平，将绩效考核作为绩效提升的有效手段，建立"按照贡献结果分享价值"的价值分享机制，同时为员工职务、岗位调整和薪酬待遇调整提供科学依据，特制定本项管理制度。

二、适用范围

本制度适用于公司全体正式员工的日常考核。

公司实习生、顾问、劳务人员等按照相关制度规定执行。

三、考核原则

1. 公开性原则：公司绩效考核各项指标、考核权重和考核流程须在全公司保持透明、公开。

2. 客观性原则：各项考核以事实和业绩为依据，坚决避免"对人不对事"的评价，为了保证以事实为依据，每个员工定性评价指标权重不得超过20%。

3. 考核激励原则：员工考核结果和薪酬调整、职务调整等挂钩。此外，员工考核结果和试用期转正、劳动合同续签等严格挂钩。

四、绩效考核管理分工

1. 董事会绩效考核委员会（上市公司）：

- 负责研究和审查董事及总经理的考核；
- 对公司绩效考核管理制度进行审议。

2. 公司绩效考核小组：由公司副总经理、人力资源总监、财务总监、各中心负责人以及外聘专家组成。绩效考核小组主要负责：

- 相关部门和部门领导定期考核；
- 部门考核成绩申诉处理。

3. 人力资源部：在公司绩效考核领导小组的指导下，负责：

- 公司绩效考核管理制度的制定；
- 绩效考核管理制度培训；
- 绩效考核组织实施（普通员工考核）；
- 绩效考核结果应用落地；
- 日常绩效考核管理和组织工作。

五、绩效考核周期

1. 公司高管一律采用年度考核方式。
2. 生产和职能人员采用月度考核模式。
3. 其他人员采用季度考核的方式。

六、绩效考核流程

公司绩效考核流程如下图所示：

关于公司绩效考核流程，其详细说明如下：

（1）启动绩效考核：每年12月启动下一年度的全年考核。

（2）确定年度经营目标：公司管理层组织各部门经理研讨下一年度经营目标。

（3）分解年度经营目标：把公司确定的经营目标分解到各个部门。

（4）确定员工考核指标：部门指标分解到具体员工。

（5）执行绩效考核：按照绩效考核管理制度正式执行公司绩效考核。

（6）评估绩效考核结果：考核期结束后，人力资源部门对各个部门的绩效进行评估。

（7）绩效沟通：在绩效考核成绩确定之后，人力资源部与各个部门负责人进行绩效沟通。

（8）绩效考核结果应用：部门考核成绩与部门整体绩效挂钩，员工绩效考核成绩与员工季度绩效挂钩。

```
启动绩效考核
    ↓
确定年度经营目标
    ↓
公司年度目标分解
    ↓
确定员工考核指标
    ↓
执行绩效考核
    ↓
绩效考核结果评估
    ↓
绩效沟通
    ↓
绩效考核结果应用
```

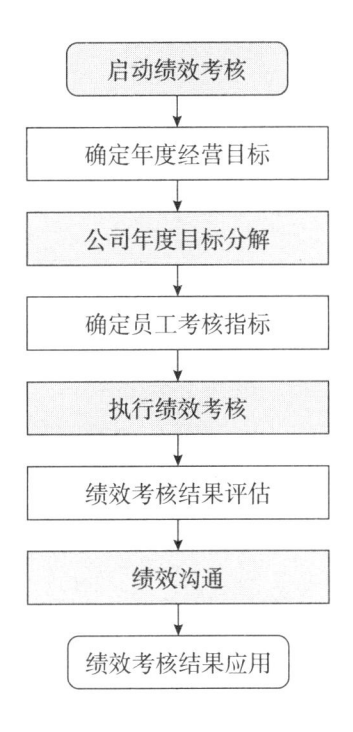

图 7-1 绩效考核流程图

七、绩效考核结果应用

（1）绩效考核与绩效工资关系

- A 级（90—100 分）：绩效工资 100% 发放，员工转正（或续签）走快速审批流程；

- B 级（80—89 分）：绩效工资 100% 发放，员工转正（或续签）走"评审会"；

- C 级（60—79 分）：绩效工资下浮为考核分数×绩效工资；

- D 级（59 分以下）：扣除绩效工资，待岗培训或者直接优化。

（2）年度考核与薪酬调整关系

- 年度连续 2 个季度评价为 A 级的，次年上调薪酬 1 级；
- 年度连续 4 个季度评价为 C 级的，或者连续 3 个季度评价为 D 级的，次年下调薪酬 3 级；
- 年度连续 3 个季度评价为 C 级的，或者连续 2 个季度评价为 D 级的，次年下调薪酬 2 级；
- 年度连续 2 个季度评价为 C 级的，或者某个季度评价为 D 级的，次年下调薪酬 1 级；
- 年度考核结果为 D 级的，次年薪酬直接下调 4 级。

（3）绩效考核与职务调整

对于管理干部，连续 2 个季度考核为 C 级的，职务须调整。

（4）绩效考核与劳动合同续签

- 年度评价为 D 级以下的，劳动合同不续签；
- 连续 3 年年度评价为 A 级的，企业优先考虑和员工续签无固定期限合同。

（5）绩效考核与任职资格

- 年度连续 2 个季度评价为 C 级的，任职资格下调 1 级并重新认证；
- 年度连续 3 个季度评价为 C 级的，任职资格下调 2 级并重新认证。

八、关于年终奖规定

1. 公司年终奖和公司年度效益、部门年度考核成绩挂钩。为了鼓励团队竞争，部门年度考核成绩 80 分以上（含），部门成员才有资格享受公司年终奖。

2. 公司绩效考核小组集体评审并确定各部门年终奖分配方案。

3. 各部门根据员工年度考核成绩、员工对部门年度贡献系数、岗位重要程度等要素将公司年终奖总奖金包层层分解到每个员工。

4. 员工年度考核成绩 80 分以上（含）才有资格享受年终奖。

5. 各部门员工最终年终奖分配方案要报人力资源部和财务部审核，并待总经理审批后才能执行。

九、制度配套记录

《年度绩效考核任务书》

《员工季度/月度绩效考核表》

《绩效面谈表》

《绩效考核申诉表》

《工作任务书》

十、制度生效

本项管理制度自××××年××月××日生效,本项制度最终解释权归人力资源部。

> **小贴士** 上述制度框架仅供参考,具体内容请根据实际情况完善,千万不要机械照搬。

05 绩效考核管理主要表单

【模板001】《年度绩效考核任务书》

【使用时机】制定年度绩效考核任务书时采用

【模板范例】

表7-1　　　　　　　　年度绩效考核任务书

被考核人员		负责部门		
直接上级		直接下级		
年度业绩考核指标					
年度主要任务	达标标准	考核级别	KPI计算方式	季度分解特别约定

续表

责权利的约定
1. 双方责任： ● 人力成本控制范围要求 ● 人数控制范围 2. 管理权利： ● 考核权 ● 财务审批权限 3. 年度绩效对应奖惩约定： ● 年度达标奖励 ● 年度不达标对应处罚
年度考核任务书有效期限：自＿＿年＿＿月＿＿日至＿＿年＿＿月＿＿日
公司主管领导（签字）：＿＿＿＿＿＿　负责人（签字）：＿＿＿＿＿＿ 双方共同签订日期：＿＿年＿＿月＿＿日

【使用须知】本表适合公司高管的年度考核或者中高层管理干部的年度考核，如有可能最好分解到季度指标。

【模板002】《员工季度/月度绩效考核表》

【使用时机】员工制定具体的季度或月度绩效考核指标

【模板范例】

表7-2　　　　　　　　员工季度/月度绩效考核表

员工姓名		员工号	
所在部门		岗位	
考核类别	＿＿年第（　）季度　＿＿年第（　）月度			
主要绩效目标				

序号	绩效目标	权重(%)	完成期限	考核级别	考核标准	……
1						
2						
3						

续表

4					
5					
重大贡献或者重大失误加减分					
序号	典型事项说明		加（减）分		备注
1					
2					
3					

【考核特别约定】
1. 分数计算方式
2. 考核级别约定
3. 其他约定

考核负责人（签字）	
被考核人员（签字）	

【使用须知】本表适合普通员工的绩效考核。对于考核和结果评价指标，一定要考虑可操作性。

【模板003】《绩效考核面谈表》

【使用时机】对于绩效表现差的员工，必须做绩效面谈相关工作

【模板范例】

表7-3　　　　　　　　　　　绩效考核面谈表

被考核人		岗位		所在部门	
考核者		考核期间		考核成绩	
访谈问题	面谈内容		面谈结果		主要意见或建议
^	是否认同考核结果				
^	工作突出之处				
^	工作不足之处				

续表

访谈问题	下一步改进目标		
	希望部门的支持		
	希望获得的培训		
	……		
绩效改进计划	改进要点	改进计划	时限要求
访谈人		访谈人（签字/日期）_____	
领导审核意见	□给新机会证明和观察 □已经多次给机会，不再给新机会		
		主管领导（签字/日期）_____	

【使用须知】绩效面谈可重点关注绩效差的员工，要确定是否给予新的任职机会。

【模板004】《绩效考核申诉表》

【使用时机】员工受到不公正的考核评价时可以向公司提出申诉

【模板范例】

表7-4　　　　　　　　　绩效考核申诉表

申诉人		岗位		所在部门	
考核者		考核期间		考核成绩	
申诉事件及理由（提供证据）					
			申诉人：_____	日期：_____	

续表

考核者说明 （提供证据）	
	考核者：_____ 日期：_____
申诉处理 意见	
	人力资源部：_____ 日期：_____
审批栏	
	人力资源总监：_____ 日期：_____

【使用须知】考核申诉要高度重视，必要时可组织集体评审。

【模板005】《工作任务书》

【使用时机】安排短期工作任务

【模板范例】

表7-5　　　　　　　　　　　工作任务书

员工姓名		所在部门	
直接主管		任务书编号	
员工类别	□正式员工　□试用期员工　□实习生			
考核周期	___年___月___日到___年___月___日			
任务进度 以及完成标志	任务编号	主要任务	任务要求	任务完成指标/标准
	1			
	2			
	3			
	4			
	5			
	6			
要求完成日期	最迟完成日期：所有任务最迟___年___月___日前必须完成 延期结果约定：□延期视同没有完成任务　□视同部分完成任务			

续表

完成结果对应奖惩	累计____项任务没有按时完成，本月绩效工资可下浮____%。 累计____项任务没有按时完成，本月绩效工资可下浮____%。 签署任务都没有按期完成，愿意承担被解聘的结果。
员工签字（确认）	如果在任务考核期间个人达不到公司考核要求，本人愿意接受上述处罚。 员工签字（确认）：_____ ___年___月___日
任务完成结果确认	
实际任务完成结果： 主管经理（确认）：_____ ___年___月___日	
主管经理确认结果：□客观公正 □存在分歧 员工签字（确认）：_____ ___年___月___日	

【使用须知】本表单适合考核不合格的员工，再给其一定周期的考核观察期，以证明其绩效表现。

【其他模板】在绩效管理过程中还可能用到《360度综合评级表》或《OKR考核表》等模板，可根据需要自行编制。

> **经验分享**
>
> 绩效管理是人力资源六大核心模块之一。无论是绩效管理制度还是绩效考核模板表单的设计，绩效管理都蕴含企业的管理理念、管理思想和管控模式。对绩效管理感兴趣的读者可深入研究贺清君老师的畅销专著《绩效考核与薪酬激励整体解决方案》（本书上市后好评如潮，累计增印十多次）。

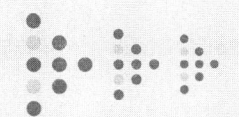

第8章

薪酬福利管理

薪酬是留住人的"金手铐",薪酬福利坚持对外具有竞争性、对内具有公平性的原则,充分发挥薪酬的保障性、竞争性和激励性的作用。

01 薪酬福利主要管控目标

企业薪酬管理的主要目标是规范公司的薪酬管理体系,完善薪酬和绩效相对应的薪酬管理管控体系。

02 薪酬福利制度设计思路

在企业的经营过程中,和薪酬管理相关的主要国家法律是《劳动合同法》。作为 HR,要清楚和薪酬管理相关的关键条款,如薪酬告知义务、同工同酬、最低工资标准、足额支付报酬以及解除合同经济补偿等。

03 薪酬福利风险防范要点

- 风险点 1:薪酬调整缺乏规范。企业应明确规定薪酬调整的规范,使下调或上调薪酬有章可循。
- 风险点 2:缺少明确的薪酬职级。薪酬要从招聘开始就有明确的规定,有了规范的薪酬职级,公司薪酬管理体系就不会混乱。

- 风险点3：薪酬激励效果不好。薪酬必须和绩效考评结果挂钩，建议采取浮动薪酬即时激励的模式来推动绩效考核的实施。

04 薪酬福利管理制度设计

基于薪酬管理目标、制度设计思路和关键风险点防范，参考制度如下：

【范例】

薪酬福利管理制度

1. 目的

为了有效地吸引和保留高素质人才，让优秀员工通过薪酬福利获得更好的待遇，不断提升公司的管理水平，不断提升薪酬激励的有效性，特制定本项管理制度。

2. 适用范围

本制度适用于公司的全体员工。

3. 管理原则

（1）薪酬保密原则：公司实行薪酬和福利保密制度，员工不得私下询问、透露和谈论薪酬待遇事宜。如果发生薪酬泄密的情况，公司会追究泄密者的责任并按照严重违纪处理。

（2）职级待遇原则：公司福利实行"职级不同，福利不同"的待遇体系。

（3）公平管理原则：公司薪酬按照薪酬职级表的体系来规范，确保同岗同级的平等待遇原则。

4. 薪酬模式

公司销售人员采用基于绩效的薪酬模式，职能管理人员采用基于岗位的薪酬模式。

5. 薪酬结构

公司员工薪酬结构由薪酬和福利两部分组成。

薪酬部分：员工薪酬由基本工资和绩效工资、项目奖、年终奖等多层次薪酬结构组成。

其中基本工资和个人学历、岗位及职务要求等挂钩，绩效工资和绩效考核结果挂钩。

除了基本工资和绩效工资外，公司还实行项目奖和年终奖等多层次薪酬方式激励员工。

- 项目奖：公司实行项目经理责任制，项目组成员享受项目奖的奖励，详见《项目考核奖励管理规定》；
- 年终奖：公司年终奖和公司年度效益、部门年度考核成绩挂钩。

6. 薪酬管理组织

公司薪酬福利管理分为董事会、公司薪酬领导小组和各级职能管理部门三级管理制：

（1）董事会薪酬委员会

主要职责如下：

- 对董事会聘任总经理、副总经理以及由董事会认定的其他高级管理人员进行考核；
- 研究和审查公司薪酬制度，并对其执行情况进行监督；
- 负责拟订股权激励计划草案；
- 负责董事会授权的其他薪酬管理事宜。

（2）薪酬领导小组

公司薪酬委员会是公司薪酬管理机构，由总经理、副总经理、财务总监、人力资源总监以及相关高管人员组成，主要管理职责如下：

- 负责审议并确定公司薪酬实施总体方案；
- 负责审议公司年度员工薪酬的统一调整方案；
- 负责审议并确定公司各项福利政策。

（3）人力资源部

- 负责公司薪酬管理制度的建设和发布；
- 负责公司薪酬管理制度的宣传和培训；
- 负责薪酬职级调整的统一管理；

- 负责公司福利管理。

（4）财务管理部

- 负责员工薪酬的发放。

7. 薪酬日常管理规定

（1）员工薪酬职级确定：自员工被公司招聘进来之后，公司要依据公司统一发布的《薪酬职级表》确定薪酬职级。

（2）公司高管薪酬由董事会薪酬委员会确定。

（3）实习生日常补助标准参照《实习生管理规范》执行。

（4）公司顾问待遇按照顾问协议规定执行。

（5）公司招聘的劳务人员的待遇按照协议执行。

（6）公司员工工资发放时间：人力资源部每月月底完成当月绩效考核工作，同时汇总考勤数据，财务部次月10日之前发放工资，员工工资为税前工资，个人收入所得税在每月发放工资时，由公司代扣代缴。

（7）公司按照《考勤与休假管理制度》《劳动纪律管理制度》以及《劳动合同》，或者员工授权公司扣款等，由公司在工资中进行相应的扣除。

（8）公司每年年初根据市场竞争情况、物价调整等要素统一调整《薪酬职级表》，确保薪酬的相对竞争力和对员工的吸引力。

8. 薪酬调整规定

公司薪酬调整途径：

（1）考核调整：薪酬调整要严格按照《绩效考核管理制度》规定的考核成绩与调薪关联条件执行。

（2）定期普调：每年年初人力资源部会结合公司经营效益、年度考核结果分析报告等数据，向公司薪酬福利领导小组提交《薪酬调整总体方案建议》，经总经理审批后执行普调。

（3）临时调整：根据岗位异动、职务调整以及员工任职资格调整后进行薪酬调整。

9. 员工福利管理

公司员工福利主要包括"五险一金"等法定福利和公司特有福利。

（1）法定福利：公司按国家规定为员工办理养老保险、医疗保险、工伤保险、失业保险、生育保险以及住房公积金。

（2）公司福利：公司福利主要包括午餐补助、带薪休假（参见《考勤休假管理制度》规定）、交通补助、员工体检等，详细规定参见《公司福利管理规范》。

10. 相关记录

- 《薪酬调整审批表》
- 《薪酬调整通知书》

11. 制度生效

本项管理制度自××××年××月××日生效。

本项管理制度最终解释权归人力资源部。

> **小贴士 Human Resources** 上述制度只提供了制度框架，具体内容请根据实际情况进行完善，不要机械照搬。

05 薪酬福利常用管理模板

【模板001】《薪酬调整审批表》

【使用时机】员工薪酬调整变更时

【模板范例】

表8-1　　　　　　　　　　薪酬调整审批表

员工姓名		员工号	
入职时间		所在部门	
职位/岗位		申请日期	
员工类别	□正式员工　□试用期员工　□N/A		

续表

	变动项	变动前	变动后	备注
调整内容	薪酬调整			
	职级调整			
	福利调整			
	建议生效日期	___年___月___日		
调整原因说明（部门负责人填写）				
员工签字确认	员工确认：□同意调整 □不同意调整 员工（签字/日期）：_____			
审批栏				

【使用须知】岗位异动或降薪必须经员工本人签字，否则无效。

【模板002】《薪酬调整通知书》

【使用时机】薪酬调整审批完毕，给员工发放正式通知

【模板范例】

表 8-2　　　　　　　　　薪酬调整通知书

尊敬的_____先生/女士：

　　根据公司业务发展和个人职业发展的需要，经公司审批，正式决定对您的工作相关内容调整，具体调整如下：

- 您的薪酬由原来的每月_____元调整为每月_____元
- 您的福利由原来的_____调整为_____

上述调整自___年___月___日正式生效。

　　如果涉及薪酬调整请您要特别注意：公司实行薪酬保密制度，公司会请不要将以上工资信息透露给他人。如果违反纪律，公司会严格按照《劳动纪律管理制度》处罚。如果你对上述调整内容有任何疑问，请直接与人力资源部联系。

　　本通知将作为您与公司签定的《劳动合同》的附件，与《劳动合同》具有同等的法律效力。希望您在今后更加努力地工作，为公司作出更大的贡献！

　　　　　　　　　　　　　　　　　　　　　　　　人力资源部
　　　　　　　　　　　　　　　　　　　　　　　___年___月___日

【使用须知】发送邮件通知时要注意薪酬保密要求。

【模板003】《月度薪酬变动汇总表》

【使用时机】月度异常记录，例如新员工入职、员工离职、新员工转正或薪酬调整等

【模板范例】

表8-3　　　　　　　　　　月度薪酬变动汇总表

序号	部门	姓名	职位	员工号	变动类型	调整内容	生效日期	……	备注
1									
2									
3									
4									
5									
6									

【使用须知】（1）建议用EXCEL表维护、变更信息，必要时加上备注信息；（2）变动类型包括新员工入职、员工离职、新员工转正、薪酬调整、绩效调薪、考勤扣除、违纪处罚等，请根据实际需要完善；（3）薪酬若有调整，《全员信息表》要及时更新。

【模板004】《社保公积金汇总表》

【使用时机】社保记录、增减员记录等

【模板范例】

表8-4　　　　　　　　　××月度社保公积金汇总表

序号	部门	姓名	员工号	变动类型	社保险种/公积金类型			其他险种/公积金……	累计		备注
					缴费基数	单位承担	个人承担		单位承担	个人承担	

续表

序号	部门	姓名	员工号	变动类型	社保险种/公积金类型			其他险种/公积金……	累计		备注
					缴费基数	单位承担	个人承担		单位承担	个人承担	

【使用须知】建议用EXCEL表维护，实现数据自动计算功能；变动类型分为新参保/增员、在职、离职减员三种类型（状态）。

【其他模板】法定福利管理还可能用到社保机构提供的《社会保险单位信息登记表》等模板，可根据需要自行获取。

> **H 经验分享** Human Resources
>
> 薪酬管理是人力资源六大经典模块之一。无论是薪酬制度的设计还是模板表单的设计，都蕴含了企业管理理念、管理思想和管控模式。对于薪酬和五险一金的专业设计表格，HR需要学习的内容非常多。对薪酬管理感兴趣的读者可深入研究贺清君老师的专著《老HRD手把手教你做薪酬》。

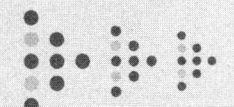

第9章

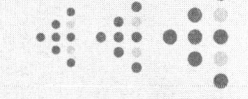

员工培训管理

员工培训，是指企业为了持续提高企业员工的素质、能力和工作绩效，从而实施的有计划的人才培养和训练活动。

01 员工培训主要管控目标

企业员工培训的主要目标是使员工的知识、技能、工作方法、工作态度以及工作的价值观得到持续改善和提高，从而最大限度地使员工发挥潜能，提高个人和企业的业绩，推动企业和个人不断进步，最终实现企业和员工的共同发展。

02 员工培训制度设计思路

和培训管理相关的主要国家法律是企业制定培训管理红线，《劳动合同法》关键条款如下：

- 《劳动合同法》第 22 条规定："用人单位为劳动者提供专项培训费用，对其进行专业技术培训的，可以与该劳动者订立协议，约定服务期。劳动者违反服务期约定的，应当按照约定向用人单位支付违约金。违约金的数额不得超过用人单位提供的培训费用。用人单位要求劳动者支付的违约金不得超过服务期尚未履行部分所应分摊的培训费用。用人单位与劳动者约定服务期的，不影响按照正常的工资调整机制提高劳动者在服务期期间的劳动报酬。"

- 《劳动法》第 68 条规定："用人单位应当建立职业培训制度，按照国家规定提取和使用职业培训经费，根据本单位实际，有计划地对劳动者进行职业培训。从事技术工种的劳动者，上岗前必须经过培训。"

只要不突破法律红线，企业可以根据实际需要定制适合自身发展的培训体系。

03 员工培训风险防范要点

- 风险点 1：在接受培训之后受训员工选择跳槽。受到专业技能培训后，员工身价倍增并选择跳槽。企业面对上述情况时可以通过签订有效的《培训协议》来解决。
- 风险点 2：培训工作缺乏针对性和计划性。培训的目的是解决实际经营管理问题，必须有针对性地进行培训，提高培训的实际价值。
- 风险点 3：轻视培训效果分析。HR 应认真分析培训效果和学员的切身体验，培训分析必须摸清培训究竟解决了多少问题，又遗留多少问题尚待解决。

04 员工培训管理制度设计

基于培训管理目标、制度设计思路和关键风险点防范，参考制度如下：

【范例】

公司培训管理制度

1. 目的

为了适应公司经营和发展的需要，持续提升员工的核心能力，不断提升公司员工的职业素质，特制定本项管理制度。

2. 适用范围

本制度适用于公司各种类型培训管理，包括公司统一安排的培训以及各部门组织的内部培训。

3. 管理原则

公司培训管理本着"统一规划、全面覆盖、有效实施、科学评估"的原则来开展，最终实现公司与员工价值的共赢。

4. 培训工作分工

- 人力资源部：负责培训需求调查、培训计划制订、培训组织实施以及培训效果评估；
- 财务部：负责培训预算审核；
- 各个部门：负责组织部门内部培训；
- 公司领导：负责培训计划和预算审批。

5. 培训管理流程

公司员工培训分为公司级培训和部门内部培训。

公司级培训应按照以下流程执行：

```
培训需求调研
     ↓
培训计划（预算）制订
     ↓
培训计划（预算）评审
     ↓
培训计划实施
     ↓
培训效果阶段评估
     ↓
年度培训总结
     ↓
    结束
```

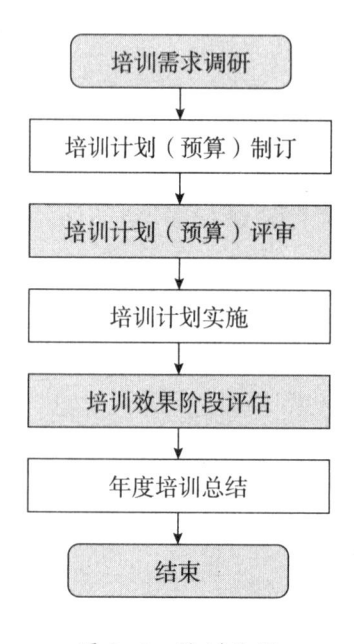

图 9-1　培训流程

培训实施流程说明如下：

（1）培训需求调研

每年 12 月初，人力资源部要启动下年度员工培训需求调研，通过有效的《培训需求调研表》，结合有效的培训需求座谈会等方式组织内部调研，最终形成《培训需求调研报告》。

人力资源部要组织相关人员对《培训需求调研报告》进行有效评审，过滤掉不合理的培训需求，提炼出对公司有价值的需求，以此作为《年度培训计划》制订的依据。

（2）培训计划（预算）制订

在《培训需求调研报告》通过评审后，人力资源部要制订《年度培训计划》，年度培训计划包括：培训时间地点安排、培训方式（内训还是外训）、讲师的选择、培训课程、单项培训项目预算等。

在《年度培训计划》的制订过程中，要有配套的《年度培训预算》作为支撑。

（3）培训计划（预算）评审

《年度培训计划》和配套的《年度培训预算》，要经过公司评审委员会评审。

公司评审委员会主要组成人员：

- 评委会主席：(总经理姓名)
- 评委会成员：(请列举，主要包括各个副总，各中心和部门负责人、人力资源总监、财务总监等)

（4）培训计划实施

《年度培训计划》和配套《年度培训预算》在通过公司评审委员会正式评审之后，人力资源部严格按照计划和预算执行。

在计划和预算的执行过程中，如有突发情况发生（例如公司紧急安排的各种培训或者无法预料的培训项目），可以适当调整计划和预算，确保计划预算可控。

（5）培训效果阶段评估

每个季度人力资源部要对培训工作进行阶段性评估，根据每次培训项目的《培训效果调查表》形成《季度培训效果评估总结报告》，提交公司领导审阅。

（6）年度培训总结

人力资源部根据全年《年度培训计划》和配套《年度培训预算》，以及各个季度《季度培训效果评估总结报告》，完成《年度培训工作总结报告》并提交公司领导审阅。

对于本年度没有完成的计划，可纳入下一年度的培训计划中。

6. 培训协议签署规定

公司出资安排的各种专项培训，凡是综合费用成本超过2000元以上的员工，均须和公司签订《培训协议》，具体协议的签署由人力资源部负责。

7. 培训师的选择

公司内部培训师由组织部门和人力资源部共同选择指定，如需外聘培训师，由人力资源部负责选择。

8. 离岗培训管理

所有离岗培训（脱岗培训或外派培训），员工需要提前填写《离岗培训申请表》并提交领导审批。

凡是参加外部培训金额超过2000元以上的离岗培训员工均须与公司签订《培训协议》。

9. 培训纪律管理规定

凡是参加公司组织的培训参训人员必须按时到达培训地点并且依次签到，不允许代签，未签到或签到潦草不能辨认的一律视为未签到。

无故不参加培训的，第一次部门内部通报批评，第二次全公司通报，第三次以后扣除违纪人员当月绩效100元。

公司级培训原则上要求必须参加，除了因出差、生病、特殊紧急事情而不能参加的，事假者必须有书面《培训请假审批表》，所有经理级人员须经总经理批准，其他人员须经人力资源部批准，病假者必须出示医院的证明及书面请假条，然后交培训组织部门才能休假，否则按无故不参加培训管理制度处理。

培训期间手机保持关机或静音，违反者每次扣绩效工资100元。

10. 培训成本控制

（1）培训成本控制方式：通过《年度培训预算》评审进行有效控制。

（2）财务审批权限：应急的培训单次费用5000元以下由人力资源总监审批，超过5000元（含）由总经理审批。

11. 制度配套记录

- 《员工培训需求调查表》
- 《年度培训计划》
- 《培训效果调查表》
- 《培训签到表》
- 《培训协议书》

12. 制度生效

本项管理制度自××××年××月××日起生效，本项制度最终解释权归人力资源部。

小贴士 Human Resources　上述制度框架仅供参考，培训流程可根据企业实际情况做调整和优化，具体内容请根据企业实际情况完善，千万不要机械照搬。

05 员工培训常用管理模板

【模板001】《员工培训需求调查表》

【使用时机】培训需求调研

【模板范例】

表 9-1　　　　　　　　员工培训需求调查表

员工姓名		所在部门	
在岗专业技能内部培训需求			
希望引入的外部培训课程			
公司管理制度培训			
其他培训需求			

【使用须知】上述调查方式简单、方便，员工可以自由地填写内容，但是需要归纳提炼。

【模板 002】《年度培训计划》
【使用时机】根据培训需求制订年度培训计划
【模板范例】

表 9-2　　　　　　　　　　××××年度培训计划

制定部门				培训负责人				
计划制订日期								
计划类别		□公司级 □业务单元（名称：_____）						
计划月份	课程名称	培训对象	培训方式	讲师	授课方式	经费预算	备注
关于培训计划补充说明								
培训计划评审	评审日期							
	评审地点							
	主要评委							
	评审结论							
培训计划审批				审批人（签字/日期）_____				

【使用须知】年度培训计划要有针对性，切实解决公司经营管理问题。

【模板 003】《培训效果调查表》

【使用时机】 在员工接受培训后，对现场培训效果进行调查

【模板范例】

表 9-3　　　　　　　　　　　　培训效果调查表

受训员工姓名		所在部门	
培训日期		培训时间	
提供培训部门		主讲教师	
培训类别			
培训课程名称			
主要讲解内容			
对培训课程的综合评价	课程和本职工作关联程度： □有密切关系　□部分有关系　□没有关系只是想了解 培训教材（教材内容条理性和清晰性）： □非常好　□比较好　□一般　□比较差 □特别差，需要改善环节＿＿＿＿＿＿＿＿＿＿＿＿ 讲课水平（讲课内容条理性和清晰性）： □非常好　□比较好　□一般　□比较差 □特别差，需要改善环节＿＿＿＿＿＿＿＿＿＿＿＿		
培训评分（满分100分）			
培训效果调查（必须如实填写）	课程内容掌握程度 □完全掌握 □部分掌握，尚未掌握内容：＿＿＿＿＿＿＿＿＿＿＿＿ ＿＿＿＿＿＿＿＿＿＿＿＿＿＿＿＿＿＿＿＿＿＿＿＿ □没有掌握（公司要求必须再次参加培训） 是否希望再次参加培训： □希望公司能给本人再次安排一次这样的培训 □没有掌握内容个人可自学，不需要再次安排培训 □将直接和讲师交流直到学会为止，不需要安排培训		
其他意见或建议			

【使用须知】 培训效果调查可根据企业管理导向做调整。

【模板004】《培训协议书》

【使用时机】公司出资外训、员工培训完成后

【模板范例】

表9-4　　　　　　　　　　　培训协议书

受训员工		身份证号	
课程名称		培训日期	
培训机构			
协议要点	1. 培训费用 • 所有与该项目有关的直接培训费用（包括培训费、教材资料费、证书费等）由甲方全额支付，累计_____元（大写人民币为_____）； • 受训员工学习时间计入工作时间之内，按连续工龄累计； • 若乙方培训不合格而未能取得相应的证书，甲方先行支付的培训费之后由乙方负责补偿给甲方； • 若由于乙方原因数次培训未合格者，其间因补考而发生的培训费及相关的考试费、资料费，甲方可替乙方先行垫付，后乙方须补偿给甲方。 2. 培训管理 • 受训员工应自觉遵守培训方的各项规定与要求； • 乙方须遵守公司劳动纪律和人事管理等各项规章制度。若乙方严重违反公司制度，甲方有权解除本协议并要求乙方赔偿培训费用； • 乙方须遵守甲方制定的培训管理制度，若乙方严重违反培训管理制度，甲方有权解除本协议并要求乙方赔偿全部培训费用； • 培训结束后，乙方应为甲方服务满_____年（自_____年_____月_____日至_____年_____月_____日累计_____月），乙方服务不满此年限的，按照未服务月数占应该服务月数的比例来支付培训费用。 3. 其他约定 • 本协议一式两份，具有同等法律效力； • 本协议自签字之日起生效。		
双方确认	企业（盖章）：_____　　受训员工（签字/日期）：_____		

【使用须知】培训协议是留住核心人才的一项举措，从一定意义上来讲，培训也是企业给这些人才的福利，必须要注意的是，违约金的数额不得超过公司提供的培训费用。公司要求劳动者支付的违约金不得超过服务期尚未履

行部分所应分摊的培训费用。

【其他模板】培训管理还可能用到《培训签到表》《员工临时培训申请表》等模板,这些模板相对简单,可根据需要自行编制。

> **经验分享** Human Resources
>
> 培训管理是人力资源六大核心模块之一。企业培训体系的构建涉及非常专业的知识,无论是制度还是模板表单的设计都蕴含企业的管理理念、管理思想和管控模式,感兴趣的读者可深入研究贺清君老师的最新专著《HR员工培训从助理到总监》。

第10章

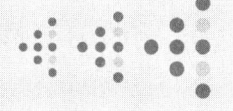

员工异动管理

员工异动管理包括组织架构调整，涉及部门调整、职级调整、调岗和调薪等环节的调整。对于职位得到晋升的员工来说，这是好事，管理也不会存在任何风险；但是对于被下调岗位和薪酬的员工来说，未必是好事，须高度关注相关管理风险。

01　员工异动主要管控目标

涉及员工异动管理时，要和员工进行充分有效的沟通，职位调整过程中要做好规范的工作交接手续。

02　员工异动管理设计思路

确保岗位薪酬调整合法、合理，避免劳动纠纷。

03　员工异动风险防范要点

- 风险点1：没有沟通直接宣布异动调整。如果没有和员工充分沟通，不恰当的异动调整可能会造成员工离职的风险。
- 风险点2：下调职位或薪酬没有获得员工的确认。在下调职位或薪酬时，要和员工协商，否则可能会产生法律纠纷。

04 员工异动管理制度设计

无须单独设计制度,可以在《岗位管理制度》或《薪酬管理制度》中增加异动的管理条款。

05 员工异动常用管理模板

【模板 001】《员工异动审批表》

【使用时机】员工岗位 / 职务 / 薪酬发生调整时

【模板范例】

表 10-1 员工异动审批表

员工姓名				员工号		
入职时间				所在部门		
职位 / 岗位				申请日期		
主要异动内容	变动项	变动前		变动后		备注
	部门调整					
	职位调整					
	岗位调整					
	职级调整					
	薪酬调整					
	建议生效日期			___年___月___日		
调整原因说明 (部门负责人填写)						

续表

员工签字确认	员工确认：□同意调整 □不同意调整 员工（签字/日期）：
审批栏	（根据公司实际审批顺序和权限完善）

【使用须知】综合联动调整用本表做审批非常高效，如果涉及调岗、下调薪酬，员工本人必须签字确认（任何人不得代签），上调薪酬或者职位晋级可不需要员工签字确认。

【其他模板】岗位发生重大调整的异动管理还可能用到《工作交接》等模板，可根据需要自行编制。

小贴士 Human Resources　员工异动管理是劳动合同变更的凭证和依据，因此HR要认真研究《劳动合同法》。对员工异动管理感兴趣的读者可深入研究贺清君老师的专著《名企员工关系最佳管理实践》。

第11章
实习生日常管理

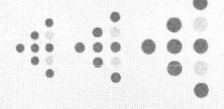

实习，是指学生在校学习期间到用人单位具体岗位上参与实践工作的过程。实习关系常常针对的是在校学生。

01 实习生主要管控目标

通过实习及时发现表现优秀的学生，为企业发展建立有效的应届生人才招聘渠道，为企业源源不断地提供新人才。

02 实习生制度设计思路

规范实习生入司、在司和离司的管理，让实习生感受到公司规范化的管理。

03 实习生管理风险防范

很多企业在实习生毕业该转正的时候拖延审批造成事实劳动关系。实习生毕业前与企业是实习关系，毕业后就自动成为劳动关系。人力资源部须提醒用人部门注意这种法律风险。

04 实习生管理制度设计

基于实习生管理目标、制度设计思路和关键风险点防范，参考制度如下：

【范例】

实习生管理规定

一、目的

为加强公司的后备人才储备，规范实习生管理，结合公司实际情况制定本项管理规定。

二、适用范围

本办法适用对象为公司各部门所有实习生。

三、管理规定

1. 公司实习生分为"人才储备型"和"非人才储备型"两类，其中人才储备型的实习生在实习期间有实习补助，并且表现优秀的可录取为正式员工。

2. 所有实习生入司实习都需要填写《实习生实习审批表》并走正式审批流程，由人力资源部审核及相关部门主管副总审批，任何部门不得擅自接收实习生。

3. 实习生入司时，人力资源部需核实学生身份（包括提交身份证、学生证复印件、一寸证件照等入司材料）。

4. 实习生入司实习需要签订《实习协议书》，部门实习岗位如有保密需求需要签署《实习承诺书》或《保密协议》。

5. 各部门实习生比例不得超过员工总数量的5%。

6. 对于人才储备型实习生，入职时由各部门指定导师负责人才培养。

7. 实习期间按照公司考勤管理规定接受考勤，实习补助按照实际出勤天数计算。

8. 每个季度各部门要对实习生进行综合评价，包括专业能力和素质等。

9. 实习结束或者中途双方共同协商结束实习，实习生离开公司，通过《实习生离司会签表》，审批完毕即可离开公司。

10. 根据实习生要求，公司人力资源部可开具《实习证明》并对其进行客观评价。

四、实习补助

1. 人才储备型实习人员每天具体补助标准如下：

学历	实习补助（元/天）		
	研发类	营销类	管理辅助岗位
大专			
本科			
硕士			
博士			

2. 实习补助包括手机话费和午餐补助，根据实际出勤天数给予补助。

3. 非人才储备型是临时来公司实习的学生，每天按照××元统一标准执行，具体补助额度在双方签定的《实习协议》中体现。

五、相关记录

- 《实习生实习审批表》
- 《实习协议书》
- 《实习鉴定表》
- 《实习生离司会签表》

六、规定生效

本项管理规定经总经理审批，自××××年××月××日正式生效，最终解释权归人力资源部。

05 实习生常用管理模板

【模板001】《实习生实习审批表》

【使用时机】实习前内部审批

【模板范例】

表 11-1　　　　　　　　　　实习生实习审批表

实习生姓名		所学专业	
所在院校		毕业时间	
实习部门		直接导师	
开始实习时间		实习期限	
实习生信息来源	□公司同事推荐（推荐人_____） □网站搜索 □网站招聘投递简历 □客户关系（客户方_____）		
实习生基本情况			
实习内容			
实习补助标准			
审批栏	（根据实际权限设置）		

【使用须知】实习生需求人数和技能要求由各部门或人力资源部组织各部门统一提出。

【模板 002】《实习协议书》

【使用时机】正式到公司实习时需要签署，明确责权利

【模板范例】

表 11-2　　　　　　　　　　实习协议书

甲方名称：_____
乙方姓名：_____
身份证号：_____
联系电话：_____
经过甲乙双方友好协商，达成以下实习协议条款：
1. 甲乙双方经过协商，甲方同意接收乙方：_____大学/学院(系)_____专业学生_____同学，到甲方进行毕业实习。
2. 实习部门：_____
实习工作岗位：_____

续表

3.实习待遇补助标准为每个工作日_____元（包括午餐和交通费用在内，实际结算每月补助以实际工作日为准），甲方按照乙方实际出勤天数结算实习补助。

4.实习期限：从___年___月___日到___年___月___日。

5.实习期间乙方按时完成甲方分配的工作，实习学生须服从甲方的实习工作安排，遵守甲方的《实习生管理制度》以及其他各项规章制度，如果实习生因为个人原因造成甲方经济损失必须给予经济赔偿。

6.乙方实习学生如不能适应甲方安排的实习工作，甲乙双方可以协商解除本协议。

7.乙方实习承诺：

（1）严格遵守公司的各项规章制度，由于个人原因给公司造成各种经济损失按照协议约定必须给予赔偿。

（2）乙方实习期间参与公司任何工作所形成的任何工作成果及其知识产权均属于公司。

（3）维护本公司的名誉和声誉，不得向任何人透漏本公司的技术和管理机密。

（4）爱护公司物品，节约用水用电，损坏或遗失物品照价赔偿。

（5）未经许可，不得擅自带同学、朋友或者父母等亲属来公司参观。

（6）其他约定：_____

对于上述条款之外其他没有在承诺书中特别约定的事项，如果由于乙方原因给公司造成经济或者名誉损失，乙方应承担所有赔偿责任。

8.实习结束后，甲方提供实习证明给实习生，同时乙方需要办理实习结束离司相关手续，如果没有办理完毕手续，甲方保留追偿相关经济损失的权利。

其他未尽事宜，甲乙双方协商解决。

甲方（签字）：_____ 乙方（签字）：_____

签字日期：___年___月___日

【使用须知】实习协议书规范实习过程中企业和实习生双方的责权利。

【模板003】《实习鉴定表》

【使用时机】根据实习生实际需求可以提供客观的实习鉴定

【模板范例】

表11-3　　　　　　　　　　实习鉴定表

实习生姓名		所在公司	
所在部门		开始实习日期	
岗位级别		鉴定日期	___年___月___日

续表

是否申请续签	□不续签 □申请续签实习协议，续签（　）月 □申请签订员工劳动合同
实习生实习期间个人总结	实习生（签字/日期）：_____
实习生所在部门鉴定意见	部门负责人（签字/日期）
人力资源部主要意见	人力资源负责人（签字/日期）

【使用须知】根据实习生需求企业可开具实习证明。

【模板004】《实习生离司会签表》

【使用时机】实习生离开公司叫"离司"（注意只有正式员工才能叫"离职"）

【模板范例】

表11-4　　　　　　　　　实习生离司会签表

实习生姓名		实习部门	
实习岗位		主管经理	
实习周期	___年___月___日到___年___月___日		
计划正式离司日期	___年___月___日		
所在学校		联系电话	
家长电话		辅导员电话	
QQ		常用电子邮件	
实习部门交接	主管经理（签字/日期）_____		
相关部门交接	部门	交接内容	接收人（签字）

续表

交接最终确认	□交接完毕 □没有交接完，遗留问题： 　　　　　　　　　人力资源部（签字/日期）_____

【使用须知】实习生离司会签表尽可能简单、高效。

【其他模板】实习生转为公司正式员工还可能用到《三方协议》，《三方协议》一般由各大院校提供。

H小贴士
uman Resources

很多企业的实习生管理是校园招聘的一部分。通过规范管理实习生，进而招到合格的新员工。对实习生管理感兴趣的读者可深入研究贺清君老师的专著《名企员工关系最佳管理实践》。

第12章

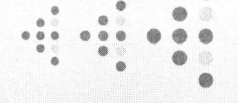

员工档案管理

人事档案管理就是企业人事档案的收集、整理、保管、统计和提供利用的活动。人事档案是在人事管理活动中形成的，记录和反映个人任职经历和绩效表现，以个人为单位组合起来，以备考察和分析的人事文件材料。

企业档案分为内部档案和外部档案，一般由当地的人才中心负责管理。

01 员工档案主要管控目标

规范内部和外部员工的档案管理，确保档案管理的完整性和管理记录可回溯。

02 员工档案管理总体思路

内部档案管理思路：

- 内部档案管理要采用档案袋方式统一管理，按照员工号顺序存档；
- 新员工入职档案要认真检查完整性，以及内容真实性（如学历等）；
- 在职期间所有考核、总结和奖惩资料都要及时存档；
- 档案查阅必须经过严格审批，没有审批严禁随意查询；
- 员工离职后档案要及时归档，按照《劳动合同法》第50条规定至少保留2年；
- 对于有一定规模的公司，可以建立E-HR电子档案。

外部档案管理思路：

- 规范档案迁出和迁入的审批管理；
- 做好档案迁入、迁出的记录跟踪；
- 严格遵循外部档案管理机构的管理规定。

03 员工档案风险防范要点

- 风险点1：档案内容的真实性。HR要及时做好核验工作，如学历验证。
- 风险点2：外部档案记录丢失。城市所在地的"人才服务中心"负责管理档案，但是企业要做好详细记录，加强规范化管理。员工档案如果丢失，企业将无法为其办理退休手续。

04 员工档案管理制度设计

基于档案管理目标、制度设计思路和关键风险点防范，参考制度如下：

【范例】

档案管理规定

一、目的

为规范公司内部和外部档案管理，防止档案丢失带来的风险和纠纷，特制定本项管理规定。

二、适用范围

本规定适用于公司内部和外部档案的管理。

三、管理职责

人力资源部：负责新员工入职档案建立，负责外部档案存档跟踪记录。

用人部门：负责将员工业绩表现文档存入公司内部档案。

四、管理规定

1. 新员工入职时，人力资源部员工关系专员负责建立新员工入职档案。公司内部档案主要内容包括但不限于身份证复印件、员工学历证复印件、学历学位验证文件，入职面试和审批文件等。

2. 用人部门把员工定期绩效评价信息、奖惩信息及岗位调整信息等及时存入公司员工内部档案。

五、特别规定

外部档案对员工退休养老保险待遇非常重要，人力资源部必须建立外部档案管理台账。

档案管理人员岗位若有调整或出现离职情况，必须做好现场交接工作，保留实际交接记录。

六、主要记录

- 《员工档案查阅审批表》
- 《员工外部档案管理记录表》

七、规定生效

本项规定经总经理审批自 ××××年××月××日起正式生效。

本项规定最终解释权归人力资源部。

经验分享 Human Resources

关于外部档案管理，作为 HR 需要了解的档案管理法律有《中华人民共和国档案法（1996年修订）》，地方规定如北京市配套印发实施的《中华人民共和国档案法》，2011年12月12日下发的《北京市集体合同档案管理办法（试行）》。对档案管理感兴趣的读者可深入研究。

05 员工档案常用管理模板

【模板001】《员工档案查阅审批表》

【使用时机】超出权限查阅员工档案时

【模板范例】

表 12-1　　　　　　　　员工档案查阅审批表

查阅人姓名		职 位	
所在部门		查阅申请日期	
查阅目的			
档案复印	□需要　□不需要		
申请人签字	本人将严格遵循档案保密要求，如有泄密，公司有权追究本人各种管理责任。 申请人（签字/日期）		
审批栏	（根据实际权限设置）		
人力资源部办理结果	档案管理人员（签字/日期）		

【使用须知】本表根据公司管理要求可适当完善。

【模板002】《员工外部档案管理记录表》

【使用时机】超出权限查阅员工档案时

【模板范例】

表 12-2　　　　　　　　员工外部档案管理记录表

外部档案管理人员			最新更新日期			
存档员工姓名	员工号	存档机构	存档日期	办理人员	迁出记录	

【其他模板】外部档案管理还可能用到《委托存档单位流动人员转入登记表》《委托存档单位流动人员转出登记表》模板，一般由人才管理中心提供或去人才中心网站下载。

Human Resources 小贴士 外部档案管理看起来简单，实则不好做，做不好会严重影响企业的利益和声誉。想深入研究外部档案管理的读者可研究贺清君老师的专著《企业人力资源管理全程实务操作》。

第13章 员工岗位管理

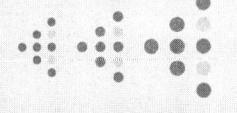

员工岗位管理是企业人力资源最基础的管理。岗位调整一般分为平调、轮调、升调、下调、临调和借调。

01 岗位管理主要管控目标

规范公司内部岗位异动的管理,特别是对于不能胜任岗位员工的管理,以避免劳动纠纷。

02 岗位管理制度设计思路

按照《劳动合同法》的规定进行规范化管理。

03 岗位管理风险防范要点

- 风险点1:员工拒绝调岗。例如,员工不能够胜任工作,为了防止在合理的岗位调整下劳动者拒不到岗的情形出现,建议在劳动合同中或岗位管理规章制度中规定,劳动者拒绝调整岗位的,可按违反劳动纪律的方式处理。
- 风险点2:岗随薪变操作风险。调岗同时可否调薪,岗随薪变是劳动合同履行及变更的应有之义,但为了避免争议、降低风险,双方应在劳动合同中约定当劳动者的工作岗位调整时岗随薪变。

04 岗位管理主要制度设计

基于岗位管理目标、制度设计思路和关键风险点防范，参考制度如下：

【范例】

员工岗位管理规范

一、目的

为了规范岗位调整和待岗处理，提高岗位管理的针对性，特制定本项管理规定。

二、适用范围

本项管理规定适用于公司全体员工。

三、管理原则

公司员工岗位管理坚持"按需设岗"和"易岗易薪"原则：

按需设岗原则：各岗位工作饱和度不低于80%，否则一律做岗位合并和调整；

易岗易薪原则：员工岗位若调整，薪酬则随之无条件调整。

四、岗位管理组织

公司所有岗位设置由人力资源部负责牵头组织安排。

五、岗位管理总规定

1. 公司组织机构或部门职能发生重大变化，通过《公司组织结构调整和岗位调整通知》告知全体员工。

2. 人力资源部将依据公司组织机构变化定期组织相关部门开展岗位分析，优化岗位设置，提高岗位效率。

3. 公司岗位分为××类，主要包括管理类、研发类、营销类等。

4. 员工调岗通过《员工岗位调整申请书》实施调整。

5. 公司各部门负责制定本部门符合客观情况的《岗位说明书》，提交人力资源部统一纳入配置管理，新员工入职时签署。

六、岗位异动管理规定

员工岗位异动分为平调、轮调、升调、下调、临调和借调：

1. 平调：是指在岗位薪酬不变情况下的职位变动。

2. 轮调：也叫轮岗，是指岗位交叉轮换以提升工作效率和激情。

3. 升调：是指职位级别或薪酬向上调整的职位变动。

4. 下调：是在职位级别或薪酬向下调整的职位变动。

5. 借调：非本单位内部借调人员。

6. 岗位异动管理

（1）经协商达成一致的调岗在《员工岗位调整审批表》通过审批后可执行。

（2）员工岗位发生异动，根据需要重新确认《岗位说明书》。

（3）根据"易岗易薪"原则，员工岗位发生异动，薪酬随之发生变化。

（4）劳动者拒绝调整岗位的，按违反劳动纪律的方式处理。

七、待岗管理规定

1. 待岗条件相关规定

员工有下列情况之一，员工必须无条件按照待岗处理：

（1）员工月度绩效考核为××级或者连续两个月度绩效考核为××级的。

（2）部门经理季度考核为××级或者连续两个季度绩效考核为××级的。

（3）因任职资格评定考试不合格、不能胜任本岗位工作需要待岗培训的。

（4）企业转产、重大技术革新或者经营方式调整导致原岗位不存在的。

（5）部门裁撤导致公司组织结构调整没有任何工作任务安排的。

（6）公司内部岗位竞聘失败，公司没有岗位安排的。

（7）其他员工必须接受待岗的情形。

凡是待岗人员必须接受公司待岗培训，经考核合格后才可以上岗。

2. 待岗流程

员工所在部门经理向人力资源部提交《员工待岗审批表》，经公司领导批准后人力资源部发《员工待岗通知书》，待岗员工持通知书等待待岗培训安排。

3. 待岗培训管理规定

凡是符合待岗条件的员工必须接受待岗培训：

- 培训时间：不超过 30 天；
- 培训地点：由公司统一决定；
- 学习形式及内容：自学或公司内训师培训等方式；
- 待岗考试结果：培训期结束后根据考核（考试）成绩确定新的岗位工资。

4. 待岗期间待遇

因员工本人原因待岗：按照《企业工资集体协商协议》规定的最低工资执行，培训期结束后根据考核成绩确定转岗后岗位及岗位工资。

非因员工本人原因待岗：在一个工资支付周期内按照原工资发放，超过一个工资支付周期的根据合同按照当地最低工资执行。

八、制度生效

本项管理制度经公司员工代表大会审议通过，经总经理批准，自 ××××年××月××日起正式生效，本项制度最终解释权归人力资源部。

> **小贴士** 每个公司岗位管理都有特殊性，可根据企业实际需求进行调整。

05 岗位管理常用典型表单

【模板 001】《岗位说明书》

【使用时机】员工入职后需要签署

【模板范例】

表 13-1　　　　　　　　　　　岗位说明书

岗位名称		岗位子类	
员工姓名		所属部门	
工作目标			
岗位职责	工作内容	工作规范	对应工作成果要求
岗位任职资格			
基本条件	学历要求		
	专业要求		
	工作经验		
必备知识和技能	专业知识		
	专业技能		
	职业认证		
关键素质和能力	关键素质		
	关键能力		
其他要求			
员工确认	本人已详细阅读本《岗位说明书》内容，知晓本人所从事岗位的要求，并同意按照公司《岗位管理制度》中的相关规定进行岗位管理。 员工（签字）：＿＿＿＿＿＿＿＿＿＿年＿＿月＿＿日		

【使用须知】岗位说明书可以和任职资格部分内容合并。

【其他模板】岗位管理还可能用到《异动审批单》模板。

小贴士 Human Resources　岗位管理是很多企业最容易忽视的管控环节。想深入研究岗位管理的读者可以阅读杨刚祥老师的专著《老HRD手把手教你做岗位管理》（中国法制出版社出版）。

第14章
员工劳动纪律管理

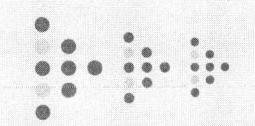

俗话说："没有规矩，不成方圆。"劳动纪律是用人单位为维持良好的经营环境，保障企业的发展秩序，要求全体员工在企业工作过程中必须共同遵守的规则。

01 劳动纪律主要管控目标

劳动纪律管理制度必须要规范、严谨，结合企业管理实践清晰地定义违纪级别和内容，惩处员工要有足够的客观证据，避免劳动纠纷。

02 劳动纪律制度设计思路

劳动纪律又称职业纪律，是指劳动者在劳动中所应遵守的劳动规则和劳动秩序。

在企业管理的实践中员工违纪时有发生。因此，制定严谨的劳动纪律管理制度，对保障企业的利益和规范日常管理非常重要。

03 劳动纪律风险防范要点

- 风险点1：违纪条款规定含糊。要尽可能地根据公司的实际情况，系统地总结常见违纪现象，确保违纪规定及时更新。

- 风险点2：员工处罚缺乏铁证。在日常管理中，企业必须保留足够的处罚证据，让员工心服口服，必要时须做充分的调查确认。

04 劳动纪律管理制度设计

为了实现责权利对等，奖惩分明，企业可以制定《员工奖惩管理规定》。

【范例】

员工奖惩管理规定

第一章 总则

第1条 目的

为强化员工遵纪守法和自我约束的意识，增强员工的积极性和创造性，同时保证企业各项规章制度得到执行，维护正常的工作秩序，特制定本制度。

第2条 适用范围

本项管理规定适合公司所有员工。

第二章 奖励

第3条 公司奖励的方式分经济奖励和荣誉奖励。

第4条 员工有下列行为之一者可获得奖励：

（1）工作出色或有超常的业绩。

（2）员工一致拥护和推荐。

（3）检举违规或损害企业利益的行为。

（4）对企业经营业务或管理制度提出有效的合理化建议，且建议被采纳和实施。

（5）为企业取得重大社会荣誉或其他特殊贡献，足为员工表率。

（6）………

第5条　企业设有"管理创新奖""合理化建议奖""优秀员工奖""优秀团队奖"等奖项，在每个工作年度结束后，由人力资源部组织评选活动，对工作中表现优异的员工给予奖励。

第6条　员工获得"管理创新奖"奖励应符合下列条件：

（1）部门管理有重大创新举措，为公司管理降低成本。

（2）………

第7条　员工获得"合理化建议奖"奖励应符合下列条件：

（1）为公司管理提供的合理建议得到高层采纳并取得显著的管理效益。

（2）………

第8条　员工获得"优秀员工奖"奖励应符合下列条件：

（1）入职1年以上。

（2）………

第9条　团队获得"优秀团队奖"奖励应符合下列条件：

（1）团队战斗力强，取得突出的业绩。

（2）………

第10条　各种奖项的奖励标准如下：

………（请根据企业实际规定补充）

第三章　处罚

第11条　员工受到处罚主要包括批评、记过、扣绩效、降级或降职乃至辞退。

第12条　员工有下列情形之一，予以批评：

（1）工作拖沓，上班期间穿着不整的。

（2）工作时间睡觉的。

（3）在公司办公区内赌博的。

（4）工作时间着装不整、行为不雅的。

（5）未经允许带外人参观公司的。

………

第13条　员工有下列情形之一按照一般违纪予以记过处理：

（1）上班期间经常浏览和工作无关网站的。

（2）下班离开公司不关灯、关闭电源或无故不关闭个人电脑的。

（3）在公司非吸烟区吸烟的。

（4）不向主管经理及时请假擅自离岗的。

（5）用公司固定电话拨打私人电话的。

（6）网上浏览和传播涉及反动、淫秽内容的。

……

第14条　员工有下列情形之一按照严重违纪处理：

（1）触犯国家法律的。

（2）将公司核心机密透露给竞争对手。

（3）上班期间干私活的。

（4）替同事打卡考勤超过一定次数的。

（5）盗用公司信息系统管理账号的。

（6）未经公司书面批准擅自在网上发布公司信息泄露公司秘密的。

（7）搬弄是非，制造谣言的。

（8）提供虚假报销票据，骗取公司报销款的。

（9）违背公司薪酬保密原则泄露薪酬机密的。

（10）在公司内部打架斗殴的。

……

第四章　附则

员工奖惩的核实由人力资源部负责跟踪和落实。

本项管理规定最终解释权归人力资源部。

小贴士　劳动纪律管理条款要根据管理需要不断地补充和完善，以确保管理具有针对性。

05 劳动纪律常用管理模板

【模板 001】《员工违纪处罚签字单》

【使用时机】员工如果严重违纪，最好让员工签字确认以保留客观证据

【模板范例】

表 14-1　　　　　　　　　　员工违纪处罚签字单

员工姓名		员工号	
所在部门		直接领导	
违纪事实详细描述			
违纪条款	严重违反《员工奖惩管理规定》第（　）条第（　）款		
违纪等级	□严重　□一般　□轻微		
员工确认	本人签字并确认上述违纪事实的客观真实性。 员工（签字/日期）：_____		

【使用须知】员工如果拒绝签字，企业可以采用通报批评的方式。

【其他模板】劳动纪律管理还可能涂改《违纪通报》等模板，企业可根据需要自行编制。

> **小贴士 Human Resources**　劳动纪律管理是企业日常管理的一部分。想深入研究劳动纪律管理的读者可阅读贺清君老师的专著《企业人力资源管理全程实务操作》。

第 15 章
员工离职管理

离职，是指在劳动合同终止、解除或合同期满不续签的情形下，员工办理离职过程的管理。在员工办理离职的过程中，企业要有处理员工离职应把握的原则、关注离职存在的各种法律风险，确保离职过程管理规范。

01 员工离职主要管控目标

规范员工离职管理流程，确保离职工作交接规范性，做好离职沟通，避免离职过程存在各种管理风险。

02 员工离职制度设计思路

企业在执行《员工离职管理规定》时应严格遵守《劳动合同法》，不得违背《劳动合同法》的规定，同时融入公司人性化的管理举措。

03 员工离职风险防范要点

- 风险点1：违法解聘。违法解聘员工需要支付双倍赔偿金，因此解聘员工须和员工友好协商，和员工达成一致，并签订《协议书》。
- 风险点2：员工离职带来商业机密泄露。认真检查入职时签订的《劳动合同书》规定的保密条款是否过期，如果内容没有明确规定，可单独在离职申请中或离职会签表中约定。

- 风险点 3：离职交接不完整留下后患。员工离职交接必须到位，必要时可召开交接会组织交接，确保交接到位。

04 员工离职管理制度设计

基于员工离职管理目标、制度设计思路和关键风险点防范，参考制度如下：

【范例】

员工离职管理规定

一、目的

为规范员工离职管理，确保员工离职手续顺利交接，保障员工个人及公司合法利益，特制定本项管理规定。

二、适用范围

本规定适合公司试用期员工和正式员工的离职管理。

三、管理职责

人力资源部：提供员工离职规范化管理表单，核心骨干要做好独立的离职访谈，及时更新员工信息汇总表，督促用人部门做好离职交接管理。

用人部门：和离职员工做好离职交接管理，对交接内容的完整性和真实性负责，离职交接完整，不留任何管理隐患。

四、离职规定

1. 试用期内劳资双方可以随时解除劳动合同，但须提前3天告知对方，经批准后方可离职。

2. 非试用期员工离职需要通过《员工辞职申请书》提前30天提出离职申请，经批准后方可离职。

3. 员工合同到期，人力资源部提前45天征求用人部门和员工本人续签意见，在合同到期前30天之内做出双方是否续签的意向并开始走续签或合同到期通过《终止劳动合同通知书》终止续签流程。

4.《员工辞职申请书》经人力资源部经理、部门经理和主管副总经理审批后，离职员工可到人力资源部领取《员工离职联合会签表》等材料办理离职交接手续。

5. 协商一致解除合同的，离职员工和公司双方可签署《协商协议书》，之后走离职会签流程。

6. 核心骨干离职由人力资源部负责人独立做好离职访谈并填写《离职面谈记录表》。

7. 核心骨干离职（例如部门经理及以上级别人员）的《员工离职联合会签表》须经总经理批准后生效，普通员工离职经主管副总经理审批即可。

8. 核心骨干离职需要安排专项离职交接工作，确保交接工作的完整性和真实性。

9. 员工离职的当月薪资将由公司在双方协议的发薪日通过银行直接转入个人工资账号。

五、特别规定

1. 对于未按规定办理离职手续的员工，公司有权暂停发放最后一笔工资、补助及补偿，待员工按规定办完毕交接手续并对遗留工作进行处理后再予以发放相应的款项。

2. 员工离职时必须将工作交接办理完毕，确保《员工离职联合会签表》签字全部完成，人力资源部可为其开具《解除劳动合同证明》。

3. 员工在试用期不符合录用条件的、员工主动提出辞职申请的、合同到期员工主动提出不续签的，依据国家《劳动合同法》规定，公司均不需支付补偿金。

4. 公司与员工协商解除劳动合同，合同到期公司主动提出不续签的，将按国家《劳动合同法》等相关法律进行补偿。

六、主要记录

- 《员工离职申请书》
- 《离职面谈记录表》

- 《员工离职联合会签表》
- 《解除劳动合同证明》

七、规定生效

本项规定经公司员工代表大会审议通过，经总经理审批自××××年××月××日起正式生效。

本项规定最终解释权归人力资源部。

05 员工离职常用管理模板

【模板001】《员工离职申请表》

【使用时机】员工提出辞职申请时

【模板范例】

表 15-1　　　　　　　　　员工离职申请表

申请人		身份证号	
所在部门		入职时间	___年___月___日
申请日期	___年___月___日	计划正式离职日期	___年___月___日
离职类型	□试用期内离职 □合同期内离职 □合同到期 □其他		
离职原因			
对公司的建议			
员工离职须知	（根据需要在此增加离职需要注意事项，例如注意劳动管理纪律等） 员工（签字）：_____ 日期：___年___月___日		
审批栏	（根据审批流程和权限完善）		

【使用须知】《员工离职申请表》经部门经理、主管领导审批后，人力资源部将通知员工本人和所在部门，员工接到通知后方可办理离职交接手续。

【模板002】《离职面谈记录表》

【使用时机】离职访谈

【模板范例】

表15-2　　　　　　　　　　　　离职面谈记录表

员工姓名		入职日期		离职日期	
所在公司		所在部门		岗位	
离职类型		□合同期内主动辞职　□合同期满不愿续签　□试用期离职 □解聘　□协商一致解除合同　□其他
离职原因 所属类别		□薪酬待遇太低　　　□发展空间太小 □工作压力太大　　　□工作太少、太枯燥 □与上司关系不融洽　□与同事关系不融洽 □考核评价不公平　　□工作环境差 □无法融入企业文化　□公司制度不适应 □找到更理想的工作　□个人创业 □家庭原因　　　　　□学习深造 □健康原因　　　　　□转换行业 □工作距离太远　　　□公司发展前景 □其他_____ 概要描述：
对公司管理 意见或建议		
	访谈人（签字/日期）：_____

【使用须知】对于主动辞职的，建议做好访谈工作。离职原因所属类别可做年度统计分析，供公司管理者做决策时参考。

【模板003】《员工离职联合会签表》

【使用时机】员工办理离职手续时

【模板范例】

表15-3　　　　　　　　　　　员工离职联合会签表

员工姓名			所在部门	
员工号			身份证号	
岗位			离职批准日期	___年___月___日
员工类型	□正式员工　□试用期员工　□其他			
正式离职日期	___年___月___日			
本部门主要工作交接				
类型	正在开展工作	指定交接人	具体交接内容	交接人员（签字/日期）
部门内部工作交接				
遗留问题处理				
主管经理审核意见	主管经理（签字/日期）：_____			
相关部门交接				
	指定部门	交接事项		交接人（签字）
部门指定交接	办公室	办公室设备归还		
		……		
	财务部	借款、账款、其他扣款等		
		……		
	人力资源	保险和公积金停缴日期为：___年___月		
		工资结算截止日期：___年___月___日		
		个人档案迁出		
		培训协议		
		离职证明开具		
		……		
	商务	对于销售人员需要发函通知客户		

续表

人力资源部最终确认
□离职手续办理完整，同意正式离职。 □离职手续办理不完整，不同意正式离职，整改环节如下： 负责人（签字）：_____ 日期：___年___月___日

【使用须知】离职联合会签的目的是提高效率，但是签字的人要对签字结果负责，防止出现离职交接模糊、应付了事的情况。

【模板004】《解除劳动合同证明》

【使用时机】在员工离职手续办理完毕后，需要开具《解除劳动合同证明》

【模板范例】

模板15-1　　　　　　　　　解除劳动合同证明

解除劳动合同证明

致_____公司

　　兹证明我公司员工_____（身份证号_____）与我公司正式解除/终止劳动合同，该员工离职前从事_____岗位工作。

　　该员工与我公司正式解除/终止劳动合同日期为___年___月___日，该员工已经办完毕所有离职手续，自解除/终止合同之日起与我公司不存在任何劳动关系。

　　特此证明！

公司全称_____
（盖章）
___年___月___日

【使用须知】是否需要员工提供下家公司名称需要公司确定。该文件必须盖公司章并且复印后存档，离职员工在复印件上写上"解除劳动合同证明原件已拿走"等字样并且要留下"签字/日期"，证明公司给开过离职证明并且原件已经拿走，防止被讹诈说公司没给开具离职证明导致劳动纠纷。

【其它模板】离职管理还可能用到《竞业限制协议》等模板，参见特殊人员管理这一章。对于离职涉及的《经济补偿协议书》,企业可根据需要自行编制。

> **经验分享**
>
> 员工离职管理涉及企业员工劳动关系。无论是员工管理制度还是员工管理模板表单的设计,都蕴含企业的管理理念、管理思想和管控模式。对员工离职管理感兴趣的读者可深入研究贺清君老师的专著《名企员工关系最佳管理实践》。

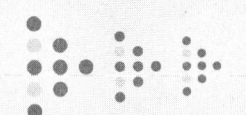

第16章
特殊人员管理

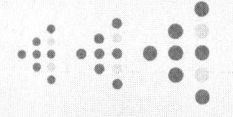

企业除正式聘用的员工外，还存在其他类型的人员，如劳务人员、劳务派遣人员等。对于劳务人员、劳务派遣人员等，企业需要做好规范化管理。

01 劳务人员管理

劳务关系是指由两个或两个以上的平等主体通过劳务合同建立的一种民事权利义务关系，劳动者与用工者根据口头或书面约定，由劳动者向用工者提供一次性或者是特定劳动服务，用工者依据约定向劳动者支付劳务报酬的一种有偿服务法律关系。

基于劳务人员管理分析，参考制度如下：

【模板001】《劳务协议》

【使用时机】与劳务人员签署劳务协议时采用

【模板范例】

模板16-1　　　　　　　　劳务协议

甲乙双方根据《中华人民共和国合同法》等相关法律法规的规定，在自愿、和平等友好协商一致的基础上，签订本劳务协议。

第一条　劳务内容

甲方聘用乙方为甲方从事劳务工作，具体工作内容范围为＿＿＿＿＿＿（在本范围内实际任务以甲方安排为准）。

第二条　劳务费约定

在乙方从事劳务期间，甲方支付乙方劳务费为税前人民币＿＿＿＿元／月（大写为＿＿＿＿＿＿元／月），当月劳务费用最迟在次月 10 日前发放，甲方负责为乙方代扣代缴个人所得税。乙方在从事劳务期间不享受甲方各项福利待遇。

第三条 双方承诺

1. 乙方为完成甲方安排工作形成的发明成果，其专利权、版权或其它保护性权利的申请权属甲方所有；

2. 甲乙双方均应对各自的商业秘密和个人秘密尽保密义务；乙方在服务期内及合作期结束后对因履行本协议从甲方获得的商业秘密和非公开技术信息不得向第三方泄露。

第四条 协议解除

任何一方提出解除协议都需要提前 7 天提出，双方协商一致后解除。

第五条 违约和争议

甲乙双方任何一方违反协议给对方造成经济损失或不良影响的需承担赔偿责任。

甲乙双方在履行本协议的过程中发生重大分歧或争议，双方应本着友好协商原则解决，如果协商不成，任何一方可提交当地仲裁委员会仲裁。

第六条 生效与变更

本协议未尽事宜由甲乙双方另行签订补充协议，本协议有效期内经双方协商一致可以变更本协议内容。

本协议有效期为××××年，自协议签署之日起开始计算。

本协议一式两份，甲乙双方各执一份，两份协议具有同等法律效力。

甲方（盖公章）：＿＿＿＿＿＿　　乙方（签字）：＿＿＿＿＿＿

地址：＿＿＿＿＿＿＿＿＿＿　　乙方身份证号：＿＿＿＿＿＿

协议签订日期：××××年××月××日

【使用须知】谨防劳务关系变成劳动关系，签署协议前必须做好核查工作。

经验分享 个别用人单位为了逃避劳动法律没有及时与劳动者签订劳动合同的现象相当普遍，但只要双方实际履行了上述权利和义务也就形成事实上的劳动关系。事实上的劳动关系与劳动关系相比，仅仅是缺少书面合同这一形式要件，但并不影响劳动关系的成立。

02 劳务派遣人员

劳务派遣是一种非常特殊的用工方式，是劳务派遣单位根据用人单位的实际工作需要，招聘合格的员工，并将所聘人员派遣到用人单位工作的一种用工方式。

劳务派遣的主要特点总结起来就是"招人不用人""用人不招人"的招聘与用人相分离的用工模式。

用人单位和派遣单位双方签定《派遣协议》：协议中约定各自的权利和义务，同时也约定被派遣员工的权益和保障措施。

根据《劳动合同法》第五十九条规定，劳务派遣单位派遣劳动者应当与接受以劳务派遣形式用工的单位（以下称用工单位），订立劳务派遣协议。劳务派遣协议应当约定派遣岗位和人员数量、派遣期限、劳动报酬和社会保险费的数额与支付方式以及违反协议的责任。用工单位应当根据工作岗位的实际需要与劳务派遣单位确定派遣期限，不得将连续用工期限分割订立数个短期劳务派遣协议。

基于劳务派遣管理分析，参考合同（协议）如下：

【模板002】《劳务派遣合同（协议）》

【使用时机】用人单位与劳务派遣单位签署协议时采用

【模板范例】

模板 16-2　　　　　　　　劳务派遣合同（协议）

用人单位（以下简称甲方）：＿＿＿＿＿＿
派遣单位（以下简称乙方）：＿＿＿＿＿＿

甲乙双方根据《中华人民共和国合同法》框架内建立劳务派遣合作关系，在自愿、和平等友好协商的一致基础上，签订本劳务派遣协议。

一、协议生效前提

乙方具备劳务派遣资质，如果没有该资质，导致的一切经济损失由乙方承担。

二、劳务派遣约定

1. 乙方按甲方岗位要求招聘人员（乙方负责初试，甲方负责终试），甲方面试确认录用人员形成《劳务派遣人员名单》并签字盖章后正式通知乙方，乙方以劳务派遣方式派往甲方。

2. 劳务派遣人员的工资标准和福利待遇根据同工同酬的原则按照甲方依法制定的标准执行，劳务派遣人员的工资和各项社会保险费，甲方应于每月＿＿日前转入乙方银行账户，乙方根据甲方提供劳务派遣人员的工资清单支付给劳务派遣人员。

3. 甲乙双方按照商定对被派遣人员进行变更的要相应更改《劳务派遣人员名单》，并须经双方签字盖章认可。

4. 劳务派遣人员在甲方工作期间依法需要辞退的，甲方应提前××天将辞退意见以书面形式通知乙方，由乙方负责与劳务派遣人员办理终止或解除劳动合同手续，甲方应依法支付经济补偿金。

5. 劳务派遣人员在甲方工作期间，按照《劳动合同法》规定不得终止或解除劳动关系的人员，甲方应按劳动法的有关规定继续履行雇佣职责。

三、双方权利与义务

1. 甲方权利与义务

（1）必须按照国家《劳动法》《劳动合同法》规定合法规范用工。

（2）劳务派遣人员如有不符合甲方工作要求等任何问题及时反馈给乙方。

（3）对劳务派遣人员进行必要的培训。

（4）为劳务派遣人员提供必需的劳动条件、符合国家规定的劳动安全卫生设施和必要的劳动防护用品。

（5）……

2.乙方权利和义务

（1）与劳务派遣人员签订劳动合同，负责被派遣劳务人员劳务纠纷处理与社保办理。

（2）按照乙方公司制度处理涉及劳动关系的所有事宜并及时提供给甲方备案。

（3）按合同条款规定派遣符合条件的劳务人员到甲方工作。

（4）对劳务派遣人员给甲方造成的经济损失，乙方应积极帮助甲方向劳务人员索赔。

（5）派遣人员发生工伤的要及时处理。

（6）……

四、费用支付

甲方向乙方支付劳务费用包括：劳务派遣人员劳务报酬、社会保险费用以及劳务派遣的服务管理费用。具体费用标准由双方根据实际提供人员情况另行确认。

甲方应于每月××日前将双方约定费用支付给乙方。

五、协议解除

任何一方提出解除协议都需要提前××天提出，双方协商一致后解除。

六、违约和争议

劳务派遣人员每月的工资和各项社会保险费，甲方如不能按期支付导致乙方未能按期转入工资卡账户，违约方应自逾期之日起每日按未支付总额（　　）‰的比例向对方支付违约金。

甲乙双方任何一方违反协议给对方造成经济损失或不良影响的需承担赔偿责任。

甲乙双方在履行本协议的过程中发生重大分歧或争议，双方应本着友好协商原则解决，如果协商不成，其中任何一方可提交当地仲裁委员会仲裁。

七、未尽事宜

本协议未尽事宜由甲乙双方另行签订补充协议，本协议有效期内经双方协商一致可以变更本协议内容。

八、协议生效

本协议有效期为××年，自协议签署之日起开始计算。

本协议一式两份，甲乙双方各执一份，两份协议具有同等的法律效力。

甲方（盖章）：_____　　乙方（盖章）：_____

法定代表人/授权人签字：_____　　法定代表人/授权人签字：_____

协议签署日期：××××年××月××日

【使用须知】劳务派遣管理细节规定得越详细越好。

03 非全日制用工

非全日制劳动合同是劳动者与用人单位约定的以小时作为工作时间单位确立劳动关系的协议。《劳动合同法》第六十八条规定："非全日制用工是指以小时计酬为主，劳动者在同一用人单位一般平均每日工作时间不超过四小时，每周工作时间累计不超过二十四小时的用工形式。"

非全日制用工是随着市场经济的就业形式多样化而发展起来的用工形式。与全日制用工相比，非全日制用工更为便捷、灵活，既有利于用人单位灵活用工，也有利于创造更多的就业机会，促进劳动者就业。

非全日制劳动合同的特点：

1. 非全日制劳动合同是以小时为单位建立劳动关系；而普通的劳动关系是以日、月、年为单位建立劳动合同的。与此相对应的是，非全日制劳动合同的计酬单位也是小时。

2. 劳动者可以与两个以上用人单位建立劳动关系。根据《劳动法》规定，劳动者只能与一个用人单位建立正式的劳动关系。如果劳动者在正式的工作之外还为其他用人单位服务，则只能算作兼职而不能视为正式劳动关系，也不能缴纳社会保险费。而非全日制劳动关系不是标准的劳动关系，因而不受这一规定的约束。

3. 非全日制用工双方当事人可以订立口头协议。

4. 非全日制用工双方当事人不得约定试用期。

5. 非全日制用工双方当事人任何一方都可以随时通知对方终止用工。终止用工时，用人单位不向劳动者支付经济补偿。

6. 非全日制用工小时计酬标准不得低于用人单位所在地人民政府规定的最低小时工资标准。

7. 非全日制用工劳动报酬结算支付周期最长不得超过十五日。

04 工作任务合同

以完成一定工作任务为期限的劳动合同，是指用人单位与劳动者约定以某项工作的完成为合同期限的劳动合同。在签订这种劳动合同时用人单位通常无法预计该项工作结束的具体时间，因此在实践中该项目的开工之日，就为合同开始之时，此项目的结束之日，就是劳动合同的终止之日。

以完成一定工作任务为期限的劳动合同的类型及适用情形：

1. 单项工作（如具体开发某项技术等）。

2. 可按项目承包的工作（如某个房子的装修等）。

3. 因需临时用工的工作（如临时雇佣工人促销空调等）。

4. 其他双方约定的以完成一定工作任务为期限的劳动合同。

共同特点是以完成一定工作任务为目标。由此可知，该种劳动合同的使用有很大的局限性，不是可以任意使用的，只有在任务明确或者季节性强、临时性的情况下，才适用于签署这种劳动合同。如果企业在不适合签署这种劳动的时候签署了这种劳动合同，一旦损害到劳动者的权益，企业将面临败诉的风险。

根据《劳动合同法》第19条规定，以完成一定工作任务为期限的劳动合同，不得约定试用期。

05 竞业限制人员

《劳动合同法》第 23 条:"用人单位与劳动者可以在劳动合同中约定保守用人单位的商业秘密和与知识产权相关的保密事项。

"对负有保密义务的劳动者,用人单位可以在劳动合同或者保密协议中与劳动者约定竞业限制条款,并约定在解除或者终止劳动合同后,在竞业限制期限内按月给予劳动者经济补偿。劳动者违反竞业限制约定的,应当按照约定向用人单位支付违约金。"

《劳动合同法》第 24 条:"竞业限制的人员限于用人单位的高级管理人员、高级技术人员和其他负有保密义务的人员。竞业限制的范围、地域、期限由用人单位与劳动者约定,竞业限制的约定不得违反法律、法规的规定。"

"在解除或者终止劳动合同后,前款规定的人员到与本单位生产或者经营同类产品、从事同类业务的有竞争关系的其他用人单位,或者自己开业生产或者经营同类产品、从事同类业务的竞业限制期限,不得超过二年。"

竞业限制参考协议如下:

【模板003】《竞业限制协议书》
【使用时机】离职员工签署竞业限制协议时采用
【模板范例】

模板16-3　　　　　　　　竞业限制协议书

甲方:＿＿＿＿＿＿＿
乙方:＿＿＿＿＿＿＿
甲乙双方友好协商一致签订为期 2 年的《竞业限制协议》
竞业限制范围:
乙方离职后不得到甲方竞争对手公司从事＿＿＿＿＿类工作,甲方竞争对手公司包括但不限于××、××等公司,乙方不得利用在职期间掌握的＿＿＿＿＿技术自己开公司从事与甲方有竞争关系的业务。

续表

双方约定： （1）甲方作为公司在乙方离职后每月××日之前支付竞业限制补偿金（金额小写为_____元，大写为_____元）。 （2）竞业补偿金支付累计24个月。 （3）竞业补偿金停止支付，本协议自动失效。 （4）乙方要严格遵循竞业限制约定，如有违反规定，按照已支付的补偿金____倍给予赔偿。 （5）在本协议执行的过程中若发生争议，任何一方均可到当地仲裁部门提请仲裁。 （6）…（可补充） 本协议一式两份，甲乙双方各执一份，自双方签字盖章之日起正式生效。 本协议签署地点： 　　　　　　　　　　　　　　　　　　　　　　甲方（盖章）： 　　　　　　　　　　　　　　　　　　　　　　乙方（签字）： 　　　　　　　　　　　　　　　　　　　协议签署日期：____年____月____日

【使用须知】竞业限制由企业支付补偿金才生效，有效期最长2年。

> **小贴士 Human Resources**　特殊人员管理是企业人力资源管理的一部分。想深入研究特殊人员管理的读者可阅读贺清君老师的专著《企业人力资源管理全程实务操作》。

第三部分

制度模板高手必备撒手锏

人力资源规划制度表单如何设计？

员工任职资格制度表单如何设计？

干部竞聘管理制度表单如何设计？

员工激励管理制度表单如何设计？

评优奖先管理制度表单如何设计？

劳动争议管理制度表单如何设计？

企业文化管理制度表单如何设计？

员工手册管理制度表单如何设计？

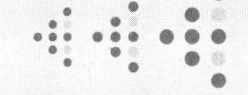

第17章
人力资源规划管理

俗话说："凡事预则立，不预则废。"从这个意义上来讲，人力资源规划工作是人力资源工作的起点，是人力资源部的行动指南和工作纲领。

01 人力资源规划管理目标

根据企业的发展战略确定人力资源发展中长期发展战略，根据战略形成清晰的人力资源管理策略和相应策略，根据人力资源战略制定清晰的人力资源规划并付诸实施。

02 人力资源规划管理思路

制定科学、有效的人力战略和规划可形成清晰的人力资源管理策略。人力资源管理策略包括招聘策略、培训策略、薪酬策略和绩效管理策略等，可为公司前瞻性规划人才需求和供给，同时为公司提供充足的人力资源保障。

03 人力资源规划管理风险

- 风险点 1：规划缺乏客观依据，喜欢凭空想象，规划落地和实操性比较差。
- 风险点 2：规划不如变化快，缺乏有效的规划调整反馈机制。

04 人力资源规划管理制度

基于员工规划管理目标、制度设计思路和关键风险点防范，参考制度如下：

【范例】

人力资源规划管理规定

一、目的

为了规范公司人力资源规划管理，明确人力资源年度管理的目标与方向，特制定本项管理规定。

二、适用范围

本项管理规定适用于人力资源部。

三、管理原则

1. 战略结合原则：人力资源规划重点在于对公司人力资源管理现状信息进行收集、分析和统计，依据这些数据和结果，结合公司发展战略，制定人力资源工作的方案。

2. 战术落地原则：所有规划要充分考虑战术层面执行落地问题。

3. 动态调整原则：人力资源规划要根据公司战略调整而调整。

四、人力资源规划管理规定

1. 人力资源规划目标

预测企业人力资源管理不足之处，增强企业适应未知环境的人力变革能力。

2. 人力资源规划范围

主要范围包括：（1）人力资源盘点即对管理现状进行收集分析和统计；（2）工作岗位分析；（3）企业员工需求预测；（4）企业员工供给分析；（5）企业人力资源制度完善；（6）人力资源费用预算和编制；（7）组织架构设置与调整；（8）人力资源发展战略计划。

3.人力资源规划成果

《年度人力资源规划》

五、规定生效

本项管理规定经总经理批准,自××××年××月××日正式生效,本项制度最终解释权归人力资源部。

05 人力资源规划管理表单

【模板001】《年度人力资源规划》

【使用时机】每年开始启动人力资源规划时

【模板范例】

表17-1　　　　　　　　年度人力资源规划

规划类别	____年度人力资源规划					
管理现状分析						
现有岗位分析						
员工供给分析						
组织结构调整	组织结构调整: 管控模式调整: 岗位调整优化:					
制度建设规划	制度目前现状: 存在主要问题: 计划解决措施:					
员工需求预测						
人员数量规划	部门	现有人数	增加人数	优化(调整)	备注	
^						
^						
^						

续表

人力资源费用预算	费用科目	类别	金额	……	预算说明

人力成本控制	控制目标	
	控制重点	

具体战术计划		
规划类别	工作目标	具体实施计划
招聘计划		
培训计划		
绩效考核		
……		
核心骨干发展		

【使用须知】在制定年度人力资源规划的过程中，必须深入研究并充分考虑内部和外部环境的变化和风险。人力资源费用预算可根据财务部提供的模板说明编写后提炼数据。

【其他模板】人力资源规划管理还可能用到《人才供应预测表》等模板，企业可根据需要自行编制。

小贴士 Human Resources 人力资源规划管理是人力资源六大经典模块之一。很多中小型企业，特别是小微企业习惯做人力资源工作计划。对于战略规划工作，其实可以有借鉴地参考大企业的相关战略规划。

第18章

员工任职资格管理

员工任职资格管理是人力资源管理的一项基础工作，是实现企业人岗匹配的前提。

01 任职资格主要管控目标

规范公司员工任职资格管理，使任职资格成为员工职业发展的内在引擎。

02 任职资格制度设计思路

任职资格，是指为了保证企业各项工作目标的实现，任职者必须具备的知识、技能、能力和个性等方面的要求。

企业员工岗位任职资格按照基本条件、必备知识（技能）及关键素质和能力三个维度来设计。

03 任职资格风险防范要点

- 风险点1：任职资格定义不严谨，员工对其理解有分歧。
- 风险点2：任职资格认证管理不规范，员工对结果持有意见。

04 任职资格管理制度设计

基于岗位任职资格管理目标、制度设计思路和关键风险点防范，参考制度如下：

【范例】

岗位任职资格规定

一、目的

为了规范公司员工岗位任职资格管理，使得员工岗位贡献和薪酬收入相适应，特制定本项管理规定。

二、适用范围

本项管理规定适用于公司各部门全体员工。

三、管理原则

岗位任职资格与员工基本工资、岗位工资挂钩。

四、任职资格规定

1. 公司员工任职资格

公司员工岗位任职资格按照基本条件、必备知识（技能）及关键素质和能力三个维度来设计，其中必备知识（技能）是核心。

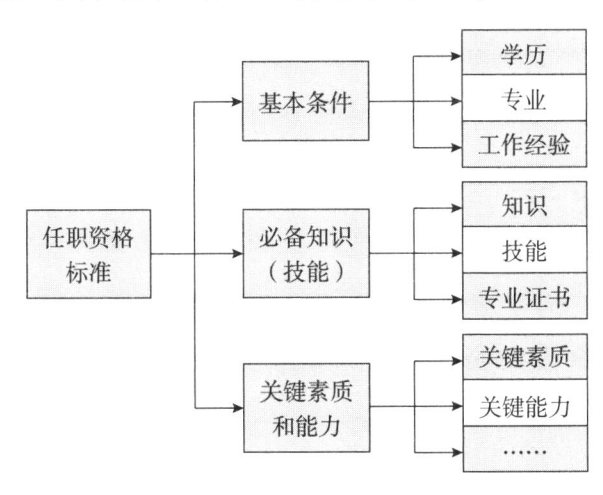

```
                            ┌─→ 学历
              ┌─ 基本条件 ──┼─→ 专业
              │             └─→ 工作经验
              │
              │             ┌─→ 知识
任职资格标准 ─┼─ 必备知识 ─┼─→ 技能
              │   （技能）   └─→ 专业证书
              │
              │             ┌─→ 关键素质
              └─ 关键素质 ──┼─→ 关键能力
                 和能力      └─→ ……
```

（1）基本条件：包括学历、专业和工作经验，由人力资源部审核认定。

（2）必备知识和技能：岗位要求的必备知识和技能。

（3）关键素质和关键能力：根据不同岗位来定义关键素质和关键能力。

2. 任职资格开发流程

任职资格开发流程如下：

（1）人力资源部组织各部门编写《岗位任职资格》。

（2）人力资源部组织各负责人对任职资格评审。

（3）任职资格公司内部公开征求意见。

（4）任职资格试行。

（5）任职资格定稿。

公司各岗位任职资格定稿发布后，人力资源部定期、不定期对员工岗位任职资格进行评定。

3. 任职资格评定

员工任职资格评定通过考试、绩效考核、年审和答辩等方式进行综合评定。

评审记录：《员工任职资格认定评价表》

4. 任职资格评定组织时机

人力资源部会在每年1—3月定期组建公司任职资格评定小组，对员工任职资格进行重新梳理和综合评定。

5. 任职资格评定申诉和复审

员工对任职资格评定小组给出的评定如果不服（限公示后5个工作日内），可以向公司人力资源部提出申诉或复评要求。

逾期则视同认可任职资格评定小组的评定，公司按照评定后的岗位任职资格重新核定岗位和薪酬。

五、相关制度和记录

1. 相关制度：

• 《绩效考核管理制度》

• 《考勤休假管理制度》

• 《劳动纪律管理制度》

2. 相关记录：

• 《员工任职资格认定评价表》

六、规定生效

本项管理制度经公司员工代表大会审议通过，经总经理批准，自××××年××月××日正式生效，本项制度最终解释权归人力资源部。

> **小贴士** 任职资格管理制度（规定）的评价要点要根据企业行业特征进行分析、总结。

05 任职资格常用管理模板

【模板001】《岗位任职资格》

公司建立岗位职级体系后（每个岗位有规范化的编号），所有岗位按照如下格式定义岗位任职标准，所有岗位的任职标准形成公司《岗位任职资格》。

【使用时机】所有岗位确认后定义岗位任职标准

【模板范例】

表18-1　　　　　　　　　　　岗位任职资格

岗位名称			岗位编号	
版 本 号			定义日期	
归属部门				
认定类别	认定要素	资格标准		备注
基本条件	学历要求			
	专业要求			
	工作经验			
必备知识和技能	专业知识			
	专业技能			
	职业认证			

续表

关键素质和能力	沟通能力		
	创新能力		
	管理能力		
	协调能力		
	执行能力		
	责任心		
	敬业精神		
	勇于担当		
	团队合作		
	职业化素质		
	……		

【使用须知】任职资格要和公司岗位管理要求互相匹配。

【模板002】《岗位任职资格认定评价表》

【使用时机】员工做任职资格认定时

【模板范例】

表18-2　　　　　　　　员工任职资格认定评价表

员工姓名			所在部门	
对标岗位				
认定类别	认定要素	资格标准	实际情况	认定结论
基本条件	学历要求			□合格□部分合格□不合格
	专业要求			□合格□部分合格□不合格
	工作经验			□合格□部分合格□不合格
必备知识和技能	专业知识			□合格□部分合格□不合格
	专业技能			□合格□部分合格□不合格
	职业认证			□合格□部分合格□不合格

续表

关键能力	沟通能力			□合格□部分合格□不合格
	创新能力			□合格□部分合格□不合格
	管理能力			□合格□部分合格□不合格
	协调能力			□合格□部分合格□不合格
	执行能力			□合格□部分合格□不合格
关键素质	责任心			□合格□部分合格□不合格
	敬业精神			□合格□部分合格□不合格
	勇于担当			□合格□部分合格□不合格
	团队合作			□合格□部分合格□不合格
	职业化素质			□合格□部分合格□不合格
其他要求	出差要求			□合格□部分合格□不合格
	……			□合格□部分合格□不合格
综合认定	□符合任职资格 □不符合任职资格			
评委会主席（签字/日期）				

【使用须知】员工对认定结果不认可时应有相应的投诉渠道。

【其他模板】在做任职资格管理工作时还可能用到《任职资格变更表》等模板，企业可根据需要自行编制。

> **经验分享** 做任职资格管理做得最好的企业是著名的华为公司。员工任职资格管理设计蕴含企业的管理理念、管理思想和管控模式。对员工任职管理感兴趣的读者可深入研究辛占华的专著《老HRD手把手教你做任职资格管理》。

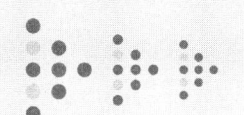

第 19 章
管理干部竞聘管理

管理干部是企业的中流砥柱。拥有富有战斗力的干部管理团队，是一个企业在激烈市场竞争中取得成功的关键。

01 干部竞聘主要管控目标

打破管理干部的任用壁垒，建立公平、公正的竞争机制，让优秀的人才脱颖而出。

02 干部竞聘制度设计思路

人才选拔和培养是人力资源开发的核心内容。人才选拔是管理干部任命的核心，通过公开竞聘吸引那些既有能力又有兴趣的人加入企业管理干部队伍，加强企业的内生竞争力。

03 干部竞聘风险防范要点

- 风险点1：干部任命带有"晕轮效应"，缺乏实际的考核锤炼。
- 风险点2：干部任命过程缺乏公正客观的评价，造成"兵熊熊一个，将熊熊一窝"。
- 风险点3：公司优秀人才断档，缺乏人才梯队建设，干部队伍后继无人。

04 干部竞聘管理制度设计

基于企业干部竞聘管理目标、制度设计思路和关键风险点防范，参考制度如下：

【范例】

管理干部竞聘管理规定

一、目的

对于关键岗位的竞聘要引入竞争机制。建立优秀人才脱颖而出的竞争机制，充分挖掘员工潜能，使员工和各级经理有平等的机会发挥自己的才能，达到优化公司岗位配置的目的。

二、竞聘原则

坚持公平、公正、公开原则。

三、适用范围和对象

公司所有符合条件的员工均可参加。

四、竞聘组织机构

1.竞聘评委会（即竞聘评审小组）：由公司领导、相关业务负责人等人员组成。

2.竞聘工作小组主要职能：

（1）协助设计竞聘方案。

（2）初审竞聘人员的参与资格。

（3）统计竞聘分数排序。

（4）公布竞聘结果等。

五、竞聘条件与资格

1. 基本条件

（1）具备拟任职位必须具备的专业能力和素质。

（2）具有强烈的事业心和责任感。

（3）具有很强的组织领导能力和团队意识。

（4）为人正派，工作有激情，勇于担当。

（5）认同企业文化。

2. 具体条件（以具体岗位正式公告为准）

（1）竞聘年龄：根据具体岗位确定。

（2）符合岗位任职资格标准。

（3）具备应聘岗位所要求的基层工作经历。

（4）过去业绩表现和绩效考评要求。

（5）公司竞聘职位规定的其他条件。

六、内部竞聘流程

1. 竞聘流程

第1步：确定竞聘岗位

第2步：确定竞聘条件评价的细则和标准

第3步：发布竞聘职位

第4步：预审竞聘人员资格

第5步：竞聘演讲比赛

第6步：评委集体商议竞聘结果

2. 评审办法

竞聘小组成员根据《竞聘评分表》予以打分，人力资源部现场负责收集和归档。

3. 公布竞聘结果

竞聘完成后由评委会集体民主商议结果，同时公布竞聘结果评分及排序。

七、规定生效

本规定自公司总经理批准之日起正式实施。

05 干部竞聘常用管理模板

【模板 001】《竞聘评分表》

【使用时机】干部竞聘时，评委打分评价

【模板范例】

表 19-1　　　　　　　　　　竞聘评分表

竞聘人选			竞聘职位	
演讲评分	评价内容		主要评价	
答辩评分	考评视角		主要评价	
	回答思路是否清晰		□清晰 □一般 □不清晰	
	回答问题是否专业		□专业 □一般 □不专业	
	回答问题是否自信		□自信 □一般 □不自信	
竞聘评分	• 综合竞选人员各方面表现，评分____分（满分100分） • 评价结论：□强烈推荐 □推荐（可备选） □不推荐 • 其他意见或建议：			
评委确认				评委签字/日期：____

【使用须知】评分应实行匿名制，确保评价公正。

【其他模板】干部竞聘还可能用到《管理干部任命通知》模板，企业可根据需要自行编制。

第20章

员工激励管理

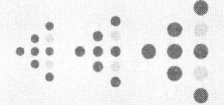

激励机制是人力资源管理的"加油站",企业必须通过卓有成效的绩效管理做到能者上、庸者下。在绩效与激励方面,人力资源发挥不可替代的专业管理价值。

01 员工激励主要管控目标

通过有效的激励不断地激发员工的斗志和士气,最大限度地发挥团队和员工的潜能。

02 员工激励总体设计思路

坚持"物质激励和精神激励相结合"的策略,员工不同,需求层次也不同,为此制定激励对策的时候必须有不同的层次:

需求层次论	管理措施
自我实现	给予事业成长机会、鼓励创造力、鼓励成就
自尊和地位	公布个人成就、赞扬良好表现、经常给予回馈,给予更大的工作责任
归属和社交	举办社交活动、组织团队
安全需求	营造工作安全感、提供福利、提供安全的工作环境
生理需要	提供公平的薪金、提供足够的休息时间、提供舒适的工作环境

03 员工激励风险防范要点

- 风险点1：重视物质激励，轻视精神激励。物质激励要和精神激励相结合。
- 风险点2：有激励但是缺乏约束，造成激励效果失控。
- 风险点3：激励缺乏针对性。员工类型不同，其需求层次也是不同的。

04 员工激励管理体系设计

物质激励就是通过薪酬、奖金、奖品等货币、物质形式给予员工的激励。这种方式的优点是激励见效快，缺点是激励可持续性差，按照马斯洛需求层次理论"已有激励不再起作用"，必须和非物质激励配合使用，确保激励持续性。

非物质激励方式很多，但是在人力资源管理实践中，最为有效的方式主要包括愿景激励、信任激励、赞美激励、荣誉激励、培训激励、授权激励、晋升激励、竞争激励、餐饮娱乐激励和情感激励等。

很多管理者认为，只要多给报酬，员工就应该好好干，事实上绝非如此。物质激励和非物质激励都是非常重要的，要高度关注非物质激励管理艺术。

> **经验分享 Human Resources**
>
> 员工激励方式很多，如愿景激励、目标激励、价值观激励、信任激励、赞美激励、沟通激励、批评激励、激将法、宽容激励法、荣誉激励、职位晋升、轮岗激励、情感激励、兴趣激励法、培训机会、内部竞争机制、末位淘汰法、严格考核法、危机激励、有效授权、榜样激励法、经常聚会等。对员工激励感兴趣的读者可深入研究贺清君老师的专著《企业人力资源管理全程实务操作》。

员工激励方式繁多，这里需要说明的一点是股权激励，股权激励是指通过多种方式让核心骨干和经理层拥有本企业的股票或股票期权，使员工与企业发展实现共享利益，从而在企业经营者、员工与公司之间建立一种以股权为基础的激励约束机制，进而为公司长期发展服务的一种激励方式。股权激励最常见的类型包括员工持股和股票期权。

上市公司有规范的《上市公司股权激励管理办法》，非上市公司也可安排股权激励。

由于员工激励方式多种多样，所以对于企业而言要针对具体激励方式提出具体实施方案，没有必要制定统一的管理制度。

企业针对具体的项目可采用《项目奖励政策审批表》实施单独的激励。

05 员工激励管理主要表单

【模板001】《项目奖励政策审批表》

【使用时机】项目奖励先约定具体的奖励规则，这里的"项目"可将具体事项具体化。

【模板范例】

表 20-1　　　　　　　　　项目奖励政策审批表

申请人		部门	
申请日期			
项目名称			
项目概况	启动日期		预计验收日期	
	客户名称		合同额	
	…			
项目奖评分指标	项目考核要点	权重	指标说明	

续表

项目激励原因	
奖励条件统一说明	项目获得项目奖的基本条件如下： 项目最终获得项目奖： 项目最终获得奖金＝目标奖金总额基数×项目考核评分/100
奖金总额基数	综合考虑项目合同额、毛利润以及后期维护成本，项目奖金基数确定为_____元（大写_____元）
项目主要参与人员	<table><tr><td>姓名</td><td>角色</td><td>绩效考核标准</td><td>备注</td></tr><tr><td></td><td></td><td></td><td></td></tr><tr><td></td><td></td><td></td><td></td></tr><tr><td></td><td></td><td></td><td></td></tr></table>
审核栏	
总经理审批意见	总经理（签字）：_____ 日期：_____

【使用须知】其实，企业任何一件具体事项都可抽象为"项目"做激励。

【其他模板】股权激励配套模板文件非常多，例如《股权激励计划方案》《股权激励计划绩效考核办法》《股权激励授予协议书》《激励对象承诺书》《股权激励员工考核结果确认书》《股权激励员工行权申请书》《股权激励行权确认书》《股权激励股东会或股东大会决议范本》《激励对象保密协议书》《认购协议书》。股权激励非常专业，限于篇幅，本书不做阐述，感兴趣的读者可自行研究。

> **小贴士** 员工激励是一门非常专业的管理知识。员工激励必须和绩效考核特别是薪酬体系挂钩。想深入研究员工激励的读者可研究贺清君老师的著作《绩效考核与薪酬激励整体解决方案》。

第21章
评优奖先管理

评优奖先是很多企业常用的管理手段，例如年度优秀员工、季度或月度优秀员工评选等，从一定意义上来讲，评优奖先是激励员工的有效手段，考虑其实施特殊性特单独设为一章进行阐述。

01 评优奖先主要管控目标

激励和鞭策优秀的员工，通过荣誉和物质激励，增强企业对优秀员工的认同感。

02 评优奖先管理设计思路

规范好年度优秀员工、季度或月度优秀员工评选的标准和实施流程，确保评选过程公正、透明。

03 评优奖先风险防范要点

- 风险点1：个别人没有获得优秀员工的奖励，心理失衡，最终离职。
- 风险点2：在优秀员工评选信息被泄露之后，优秀员工被竞争对手挖走。

04 评优奖先管理通知设计

基于荣誉奖励管理目标、制度设计思路和关键风险点防范，参考范例如下：

【范例】

月度/季度优秀员工评选邮件参考格式

各位同事：

　　大家好！

　　为及时激励月度/季度工作业绩突出的员工，增强员工的集体荣誉感和使命感，不断增强公司的向心力和凝聚力，现正式启动××月度/季度优秀员工（或者叫月度/季度之星）评选。

　　本次评选工作安排如下：

　　1. 推荐原则

　　（1）被推荐的员工月度/季度要有突出业绩。

　　（2）突出业绩主要包括某个领域重大创新。

　　（3）被推荐员工的突出业绩具有典型性和创新性，能起到标杆示范作用。

　　（4）员工如果不符合条件，无须申报。

　　（5）每次季度/月度之星总人数严格控制在部门总人数10%以内。

　　2. 推荐方式

　　各部门经理统一进行推荐，完成附件《月度/季度优秀员工推荐表》的填写，提交人力资源组织评选。

　　特此通知！

人力资源部
××××年××月××日

【范例】

年度优秀员工评选邮件参考格式

各位同事：

大家好！

为有效激励本年度业绩卓越、表现突出的员工，××××年度优秀员工和优秀团队评选工作正式启动。

1. 评选原则：充分发扬公开、公正和民主推荐的原则。

2. 推荐范围：员工和各级部门经理都可参加评选。

3. 推荐方式：部门统一申报（含自荐），经分管副总审核后发给人力资源部。

4. 候选人（团队）推荐

5. 评优进度安排

推荐截止日期：××××年××月××日

公示日期：××××年××月××日至××××年××月××日（公示期接受所有员工的质询）

评选日期：××××年××月××日

评选方式：公司评优评审委员会（由管理层、各部门经理等成员组成）采用集体商议或投票表决方式评选

6. 奖项及评选标准

（1）优秀团队：团队有较高的凝聚力和集体荣誉感，通过发挥集体智慧为公司做出突出业绩（根据需要可补充具体条件）

（2）优秀员工：

年度有突出贡献和突出业绩，对工作始终富有高昂的激情，执行力强，积极主动承担责任，率先垂范以身作则（根据需要可补充具体条件）

优秀员工类别：

优秀干部：带领部门完成突出业绩（根据需要可补充具体条件）

销售之星：超额完成年度销售业绩（根据需要可补充具体条件）

服务之星：服务工作好，投诉率低（根据需要可补充具体条件）

创新先锋：研发创新取得突出业绩（根据需要可补充具体条件）

……

欢迎各部门和各位同事踊跃参加！

人力资源部
××××年××月××日

05 评优奖先常用管理模板

【模板001】《月度/季度优秀员工推荐表》

【使用时机】月度或季度评优

【模板范例】

表21-1　　　　　　　月度/季度优秀员工推荐表

推荐员工		所在部门	
员工号		入职年份	
考核成绩	分（□月度 □季度）		
推荐奖项	□月度之星 □季度之星		
优秀员工突出业绩详细描述			
部门经理审核意见	被推荐员工业绩是否突出：□是 □否 □无法确定 其他意见： 直接主管（签字/日期）		
人力资源部审核意见	被推荐员工业绩是否突出：□是 □否 □无法确定 其他意见： 人力资源总监（签字/日期）		

【模板002】《年度优秀员工（团队）推荐表》

【使用时机】年度评优

【模板范例】

表 21-2　　　　　　　　年度优秀员工（团队）推荐表

被推荐人（团队）			
工号		职位	
所在中心		一级部门	
入职时间		直接上级	
推荐奖项			
被推荐人（团队）突出业绩详细描述			
奖励匹配度描述			
评审委员会评审			
评审结果			
评审委员会主席审批	评审委员会主席（签字/日期）：_____		

【其他模板】奖优评先还可能用到《优秀员工证书》模板，这些证书市面上有很多设计精致的成品，可根据需要自行打印。

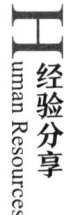

> **经验分享 Human Resources**
> 奖励先进、鞭策落后是绩效管理形式的一部分，如何让荣誉和奖励发挥真正的价值，有没有荣誉和奖励以外更好的方式？对评优奖先感兴趣的读者可深入研究贺清君老师的著作《绩效考核与薪酬激励整体解决方案》。

第四部分

人力制度发布与优化

员工代表大会制度表单如何设计？

人力资源制度发布的目标是什么？

人力资源制度发布有哪些流程？

人力资源制度发布存在哪些风险？

中小企业人力制度如何裁剪优化？

第22章

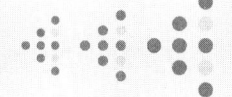

员工代表大会管理

员工代表大会又叫职工代表大会，是企业职工群众当家做主，参加企业经营决策、管理、监督干部、行使民主权利的权力机构，企业实行民主管理的基本形式。

01 员工代表大会管控目标

加强和规范企业民主管理，保障员工民主参与公司管理的权利，激发员工主人翁意识，强化员工责任感。

02 员工代表大会管理思路

在发布涉及员工切身利益的重大管理制度时，要让员工充分参与公司管理，实现企业与员工价值双赢。

03 员工代表大会管理风险

- 风险点1：员工代表大会管理流于形式，缺少日常有效的管理。
- 风险点2：员工代表的选取缺乏代表性，绝大多数是管理干部。

04 员工代表大会管理制度

基于员工代表大会的管理目标、制度设计思路和关键风险点防范,参考制度如下:

【范例】

员工代表大会管理制度

一、目的

为保障员工民主参与公司管理的权利,特别是在发布涉及员工切身利益的重大管理制度时要让员工充分参与公司管理,维护员工合法权益,确保公司健康可持续发展,特制定本项管理制度。

二、适用范围

本制度适用××公司(含全资控股子公司)。

三、组织原则

员工代表大会实行民主集中制的原则,在充分尊重员工代表意见的基础上结合公司实际做决策。

四、管理责权利

(一)员工代表大会责任和权利

1. 审议和员工切身利益相关的制度发布和变更(例如考勤休假、绩效考核、劳动纪律、薪酬管理等主要规章制度)。

2. 在公司涉及员工切身利益重大问题决策中,员工代表讨论并提出意见和建议。

3. 对公司管理提出合理化建议。

(二)员工代表大会的责任

1. 坚持社会主义核心价值观,对员工进行思想、纪律、职业道德和爱国主义教育。

2. 发挥正能量导向，为公司实现年度经营目标做贡献。

3. 密切联系广大员工，维护员工权益，如实反映员工合理化的建议和要求。

五、员工代表

1. 按照法律规定，享有政治权利的员工均有资格当选为员工代表。员工代表主要条件：坚持社会主义核心价值观，勇于发挥正能量导向，勇于担当，爱岗敬业，作风正派，办事公道，富有团队精神，热爱公司，关心公司的命运和发展。

2. 员工代表的产生应当以部门为单位，由员工直接选举或集体提名讨论意见一致后，通过《员工代表推荐表》进行推荐，原则上每个部门至少1名代表（部门超过××人的最多××人）。

3. 员工代表实行任期制，任期三年可以连选连任。

4. 员工代表的权利

- 在员工代表大会上有选举权、被选举权和表决权；
- 经员工代表大会常委会聘用，可参加员工代表大会常设机构各工作委员会工作；
- 有权检查员工代表大会决议和提案落实情况；
- 按照规定行使民主管理权利，任何组织和个人不得阻挠和打击报复。

5. 员工代表的义务

- 密切联系群众，如实反映员工的合理化建议和要求；
- 发挥正能量导向示范作用；
- 以身作则严格遵守公司各项规章制度。

六、会议组织实施

1. 员工代表大会每3年一届，每一届员工代表大会应选举员工代表大会"常委会"。

2. 员工代表大会"常委会"委员4—5人，由常委会委员共同推荐"常委会主席"1名，每一届常委会成员最多连任3年。

员工代表大会常委会主要任务：

在员工代表大会召开期间负责组织会议员工代表大会常委会的主要职责包括：

- 主持召开员工代表大会，处理大会期间发生的问题；
- 听取各员工代表对各项议题审议的意见；

- 审议通过员工代表大会议程；
- 组织各员工代表审议列入大会议程的议案；
- 研究大会议题中需要通过和决定的事项，草拟决议；
- 常委会主席负责主持选举；
- 处理大会期间发生的其他问题。

员工代表大会召开时间：

- 公司涉及所有员工切身利益的重大制度发布时；
- 员工代表向常委会提议时，常委会集体讨论确定召开的；
- 公司领导向常委会提议，认为有必要召开的。

员工代表大会召开过程：

- 每次员工代表会议必须有 2/3 以上的员工代表出席；
- 员工代表大会进行选举和作出决议，必须经与会代表 50% 以上通过有效。

员工代表大会会后安排：

- 公司发布和修改的各项制度，员工代表通过《员工代表民主评议表》进行评价，之后形成《公司制度民主评议报告》，员工代表支持率超过 50% 视同制度审议正式通过并且合法有效；
- 员工代表大会在其职权范围内决定的事项，不经员工代表大会同意不得修改。

七、常委会日常管理

1. 公司涉及员工切身利益的重大管理制度修改完善时，常委会代表一起评议：

- 通过向员工代表调查统计分析（会议或邮件等方式不限），如果 50% 以上（含）员工代表认为影响员工切身利益，则必须召开员工代表大会；
- 如果 50% 以上员工认为不影响员工切身利益，常委会代表员工进行民主评议，常委会主席签字后生效。

2. 员工代表大会常委会要及时和员工代表沟通，接受员工代表和全体员工的监督。

八、其他规定

1. 为方便驻外员工代表参加员工代表大会，员工代表大会可采取电话会议、远程视频等方式组织召开，驻外员工代表可通过远程会议、邮寄或通过"员工代表大会"专用邮箱传达代表意见或表决。

2. 员工代表离职其代表资格失效，由各部门重新推荐。

3. 员工代表必须按时参加会议，如遇特殊情况不能参加会议时应向员工代表大会常委会请假，员工代表连续请假两次不参加会议，取消其代表资格，由所在部门补选缺额。

九、制度生效

本项管理制度经公司员工代表大会审议通过，自××××年××月××日正式生效。

05 员工代表大会管理表单

【模板001】《员工代表推荐表》

【使用时机】各部门推荐员工代表

【模板范例】

表22-1　　　　　　　　　员工代表推荐表

所在部门			
推荐员工代表姓名		员工代表员工号	
推荐日期	___年___月___日		
组织地点			
部门员工签字确认	本人同意推举上述"员工代表"，本人授权并确认"员工代表在员工代表大会上投票表决结果完全代表本人的意见"，本人同意并签字确认。			
^	签字确认		员工号
^			
^			
^			

续表

【模板002】《员工代表民主评议表》

【使用时机】员工代表大会对议题进行评议

【模板范例】

表22-2　　　　　　　　　　员工代表民主评议表

员工代表姓名		员工号		
评议日期	___年___月___日	评议时间	从___时___分到___时___分	
评议内容				
评议内容	评议项目名称	概要说明	表决意见	
			□同意 □不同意 □保留意见	
			□同意 □不同意 □保留意见	
			□同意 □不同意 □保留意见	
			□同意 □不同意 □保留意见	
			□同意 □不同意 □保留意见	
			□同意 □不同意 □保留意见	
			□同意 □不同意 □保留意见	
	评议过程评价：□透明/民主 □不透明/民主 □持保留意见			
主要意见或建议	现场充分沟通之后如再有保留意见请在此阐述。			
员工代表签字确认	员工代表（签字/日期）：_____			

【模板003】《员工代表民主评议报告》

【使用时机】收集各代表的《民主评议表》，在统计后进行分析形成的报告

【模板范例】

表22-3　　　　　　　　　员工代表民主评议报告

员工代表大会召开日期	___年___月___日	召开地点	
参加人员			
会议组织	人力资源部		
评议日期	___年___月___日	评议时间	从___时___分到___时___分
制度编制部门	人力资源部	制度讲解人	
制度所属公司			
即将发布制度版本号			
评议内容	制度名称	表决意见	
		（　）%同意（　）%保留意见	
		（　）%同意（　）%保留意见	
		（　）%同意（　）%保留意见	
		（　）%同意（　）%保留意见	
		（　）%同意（　）%保留意见	
		（　）%同意（　）%保留意见	
		（　）%同意（　）%保留意见	
	评议过程评价：□（　）%认为透明/民主 □（　）%认为不透明/民主 □（　）%认为持保留意见		
员工代表民主评议结论	□50%员工代表（含）都同意的制度均可直接发布 □低于50%的制度名称_____，简单修改后可发布，主要修改建议（来自员工代表意见汇总）： （1）_____ （2）_____ （3）_____		

续表

员工代表民主评议结论	□不能发布的制度名称_____（来自员工代表意见汇总/需要再次组织评议） （1）_____ （2）_____ （3）_____
员工代表大会推举执行主席	常委会主席（签字/日期）：_____

【其他模板】员工代表大会管理还可能用到《员工代表大会签到表》模板，会议签到表比较普遍，可根据需要自行编制。

经验分享 Human Resources

很多企业设立工会，但是工会不能充分代替员工代表大会的作用：工会是职工自愿组合的群众组织，根据《工会法》的相关规定，国有企业工会委员会是职工代表大会的工作机构，负责职工代表大会的日常工作，检查、督促职工代表大会决议的执行。

工会和职工代表大会在民主管理方面的任务和作用有很多一致的方面。因此，由工会承担职工代表大会的日常工作，作为职工代表大会的工作机构是适宜的。企业工会作为职工代表大会的工作机构，应该检查督促职工代表大会决议的执行情况，促使职工落实职工代表大会决议。

特别提示，不是每个公司都需要设立员工代表大会或工会组织的，要根据企业规模和实际管理需要等要素进行综合决策。

第23章

人力资源制度发布与优化

俗话说："没有规矩，不成方圆。"人力资源通过建立符合《劳动合同法》的管理制度，确保公司人力资源管理不存在管理风险和隐患。企业通过建立和持续优化管理流程，势必为企业健康发展提供有力的管理支持。

01 人力资源制度发布目标

企业发布各项管理制度的核心目的，是在依法、合规的基础上规范企业人力资源管理，确保制度的有效性和可操作性，持续提升企业的管理水平。

02 企业管理文件控制程序

人力资源管理文件的起草、编号、版本控制以及发布审批，要严格按照公司《文件控制程序》执行，《文件控制程序》参考如下：

【范例】

文件控制程序

一、目的

为实现公司管理体系规范化、标准化和高效管理，确保公司任何工作场所使用的文件是现行有效的最新版本，防止误用失效或作废的文件，特制定本程序。

二、适用范围

本程序适用于公司质量管理体系文件的编写、审批、标识、颁布、发放、使用、保管、修改和作废等过程。

三、管理职责

质量管理部：负责公司级管理制度文件的编写、修改；负责文件发放和文件编号集中管理，负责体系文件的审核。

各部门：负责本部门主管文件编制、审核和修改。

总经理：负责公司级管理制度、涉及多个部门的协同流程文件、质量管理手册及公共管理程序文件的批准。

四、文件管理标识

（一）文件编号

公司所有质量体系文件编号统一由质量管理部负责。关于文件编号，规则如下：

为方便记忆和便于搜索，文件编号采用以下"文件类别代号＋流水号"的编码规则：

文件类别代号如下：人力资源部的文件是HR开头，财务管理的文件是FM开头等。

流水号：对于文件比较少建议流水为2—3位；对于文件比较多的建议流水为3—4位（可灵活掌握）。

（二）记录号

考虑工作灵活性，建议记录号采取以下原则编制（实际工作中的记录号可以不按照这个原则编写，但是必须确保记录号唯一性）：

记录号编制参考规则：记录号由部门代号、日期和流水号三段组成；日期用六位阿拉伯数字表示，年（YY）、月（MM）、日（DD）分别两位；流水号用两位阿拉伯数字表示，范围为"01—99"，该流水号由各部门统一编排。表示如下：

DR+YYMMDD-XX

公司的部门代号由各部门字母简称的规则制定，例如质量部为ZLB。

（三）文件版本

公司文件要做好版本标识和控制工作，对于无须审批的"试用版本"可以在有限范围内试用；文件经过审核和审批形成正式版本后要正式进行版本标识和控制。

1. 试用版本

文件处于试用状态版本统一为 Pn，这里的 P 是指将要发布试验标志，n 表示该版本第几稿。例如，P3 表示第 3 稿。

2. 正式版本

版本标识规则如下：当文件通过审批形成正式版本后。对其统一采取"Vx.y"（x 为主版本号，y 为副版本号，对于正式版本 x ≥ 1）的格式进行版本标识，首次形成的正式版本，其 x 为"1"，y 为"0"。

文件变更过程中，版本更改要求：在 1.0 版本基础上，每经过一次重大变更，x 递增 1；每经过一次一般变更，y 递增 1，每次重大变更后，小版本号 y 清零，需要注意的是，每次变更后形成新的版本升级前，需要经过变更审批。

例如，新发布某个正式文件版本为 V1.0，经过一次一般变更后版本为 V1.1，再经过一次一般变更版本为 V1.2；依此类推。经过一次重大变更后，版本号变为 V2.0，再经过一次重大变更后，版本号变为 V3.0；每次重大变更后小版本号清零，如 2.5 版本遇重大变更后升级为 3.0 版本。

（四）文件秘级设置

对于保密文件需要在文件页眉的密级栏上标明文件密级，公司文件的密级分为：

- 机密：公司的机密文件是指涉及公司财务、商务、市场体系、核心技术、人力资源的职位和薪酬体系，机密文件仅能在公司领导指定的控制范围内使用。
- 秘密：公司的秘密文件指公司比较重要的但属于机密外的技术、财务、商务和市场等文件；秘密文件仅能由公司内部涉及相关业务的人员使用。
- 保密：属于公司机密和秘密文件外的仅限于公司内部使用的文件，如质量管理体系文件和规章制度等。
- 公开：表示文件在公司内部可公开使用。

五、文件的编写和批准

公司所有质量管理体系文件由质量管理部统一负责组织安排编写，过程文件（包括流程图）及其相关模板由与各过程文件业务主负责部门负责具体编写，公司其他管理体系文件由各主负责部门负责组织编写，公司质量体系外其他管理体系文件由各相关主负责部门负责组织编写。

对于首次新发布的文件，相关部门人员需要填写《文件发布申请单》并将其提交相关人员审批（不同类型文件权限见下表）：

文件类型	编制	审核	审批
公司公共管理的制度	主责部门	质量部经理	总经理
部门内部管理文件	主责部门	质量部经理	主责部门经理

文件变更审批审核权限：

文件类型	变更类型	审核	审批
公司公共管理文件	一般变更	质量管理部	质量部经理
	重大变更	（部门联合评审）	总经理
部门内部管理文件	一般变更	质量管理部	业务部门最高负责人
	重大变更	质量管理部	业务部门最高负责人

六、文件发布流程

对于新发布或变更后的文件，由质量管理部按照以下流程完成发布工作：

（一）文件发布之前的工作流程

第1步：文件排版检查：文件正式发布之前，对于文件发布人或变更申请人提交的新发布或修改后的文件，如果排版不整齐或不符合要求，质量管理部有权提出重新排版的详细要求直到排版合格，对于排版存在的小问题，质量管理部可负责修改工作。

第2步：文件编号/版本号：文件正式发布之前，质量管理部把新发布的文件或变更后的文件统一登记在《文件版本管理记录表》中，赋予新的文件编号或者新的版本号，对于变更要编写变更历史记录。

第3步：PDF封装处理：文件正式发布之前，所有非记录性的文件如过程文件等质量管理部要做PDF封装处理后才能发布电子版。

（二）文件发布之后的工作流程

第1步：文件纳入公司配置管理库

文件发布之后，发布文件由配置管理员将源文件和发布后PDF文件统一放在公司配置管理库中，配置源文件的主要目的是供日后修改使用。

第2步：文件发放

文件发布之后，质量管理部将根据文件访问权限明确文件的发放范围，同时根据发放范围通知相关人员阅览文件。

（三）文件发布之后的培训

人力资源部需要组织相关部门集中做文件使用培训，同时要对培训效果进行跟踪。

七、文件变更管理

文件颁布实施后需要更改时，为防止修改错误的文件，更改人员需从质量管理部配置管理库中提取源文件进行修改，修改后由更改申请人填写《文件变更申请单》，要区分一般变更和重大变更，并分别进行处理：

【一般变更】包括修改文字错误，根据公司的规定进行组织机构名称调整，文档中前后表述的一致性和格式调整，部分细节内容的补充和完善；模板、表单、指导书的增减、修改等；一般变更对应版本标识规范中的小状态版本号"y"修改。

审批流程：一般变更不需要组织评审，按照"体系文件审核和批准"权限直接审批即可。

【重大变更】包括过程和规程的流程变化；规程、管理规范、标准的增减；过程涉及人员或部门角色职责的重新分配等。

审批流程：重大变更需要组织评审，由评审会组织和召集，评审组组长汇总各方面意见最终形成评审意见。

文件发生更改后，由质量管理部同时变更文件版本号，批准时应注明批准日期和生效日期。

八、文件管理其他规定

（一）文件的借阅管理

凡借阅（复制）文件的人员需在《文件借阅登记表》上签字确认并标注借阅时间。

（二）文件的保存和废止

质量管理部负责保管经过批准的所有体系文件，有原始签字和盖章的纸版体系文件一律不得外借，以防丢失或损坏。电子版体系文件的读取和使用权限根据制订的权限要求对各级人员设定阅读和使用权限，并做好电子文件的备份，同时将电子文件刻录成光盘与纸版原件一起归档。

需要废止的文件特别是纸版文件由相关部门填写《文件作废处理登记表》，作废且需留作资料保存的文件需在封面标识"作废文件"并隔离存放，对于被废止的文件原文件编号同时废止不得用于其他文件。文件销毁时至少有2个人现场一起实施。

九、文件管理主要记录

- 《文件发布申请单》
- 《文件变更申请单》
- 《文件发放登记表》
- 《文件借阅登记表》
- 《外来文件登记表》
- 《文件重大变更评审表》
- 《文件作废处理登记表》
- 《文件版本管理记录表》

> **小贴士** 文件控制程序是ISO9000规范化管理最基本的一项管理要求。

03 人力资源文件风险防范

- 风险点1：颁发主体不合法。颁发主体必须是企业，不能是企业中的某个部门。
- 风险点2：手册内容不合法。手册内容必须符合现行国家法律法规及政策规定，主要法律法规包括但不限于《劳动法》和《劳动合同法》；
- 风险点3：程序不合法。人力资源管理制度的制定程序必须合法，即必须经过一定的民主程序讨论通过。

- 风险点 4：发布途径不合法、不合规。人力资源管理制度必须合法，即必须向劳动者进行公示或告知。

只有同时具备以上四个要件的"人力资源管理制度"才是合法、有效的规章制度，缺少任何一个要件，都会是无效的。

04 文件发布变更参考模板

【模板 001】《文件发布申请单》

【使用时机】文件发布时走审批流程

【模板范例】

表 23-1　　　　　　　　　　文件发布申请单

文件编制负责部门		申请人	
文件发布原因			
发布文件列表	文件名称	文件类别	
质量管理部审核意见	签字：_____ 日期：_____		
申请发布部门部门经理意见	签字：_____ 日期：_____		
加签栏	（根据权限确定） 签字：_____ 日期：_____		

【使用须知】人力资源管理制度和模板发布的过程都需要走规范化的发布流程。

【模板002】《文件变更申请单》

【使用时机】已经发布的文件变更时

【模板范例】

表23-2　　　　　　　　　　文件变更申请单

文件名称		文件编号	
文件编制负责部门		文件版本号	
申请人		联系电话	
文件类别			
变更类型	□一般变更　□重大变更（需要组织评审）		
主要变更内容说明			
变更原因			
变更内容	变更前		变更后
变更关联文件	主要关联文件	文件编号　版本号	关联文件修改要点
申请变更部门经理审核（审批）意见	□属于重大变更，请组织评审，评审通过后再进行变更 □变更类型正确，同意变更 □不同意变更，原因_____ 　　　　　　　　　　签字：_____　日期：_____		

续表

质量管理部负责人审核（审批）意见	□同意变更，变更后文件版本号升级为_____ □不同意变更，原因_____ 签字：_____ 日期：_____
加签栏 （根据审批权限确定）	签字：_____ 日期：_____

【使用须知】人力资源管理制度和模板发生变更时不能擅自调整就直接发布

【模板003】《文件重大变更评审表》

【使用时机】文件重大变更时需要集体评审

【模板范例】

表 23-3　　　　　　　　　　文件重大变更评审表

文件变更主责部门		变更申请人		
重大变更文件清单	文件编号	文件名称		版本号
文件变更涉及部门				
评审组成员	评审组长： 评审成员：			
文件发生重大变更主要原因				
主要变更内容说明				

续表

评审组成员	评审组长： 评审组成员：
评审组成员 集体意见	评审意见： 评审结论： □同意变更 □不同意变更，原因＿＿＿＿＿＿＿＿＿＿＿ 　　　　　　　　　评审组成员（集体签字）：＿＿＿ 　　　　　　　　　　　评审日期：＿＿＿年＿＿＿月＿＿＿日

【使用须知】文件重大变更一般都涉及员工切身利益或企业人事管理的重大调整。

【其他模板】限于篇幅，日常使用的《文件发放登记表》《文件借阅登记表》《外来文件登记表》《文件作废处理登记表》以及《文件版本管理记录表》模板，可根据需要自行编制。

小贴士 所有管理制度和表单都需要认真研究并完善。
Human Resources

05 中小企业制度裁剪优化

本书提炼了很多企业必备的管理制度列表和读者分享，这些制度突出的特点是，基于人力资源六大模块，通过制度名称方便员工搜索，同时有利于制度后续修改维护。

中型企业制度越细越规范，所以本书列举的制度对于中型企业而言都可以参考借鉴。但是，对于很多中小企业，特别是小微企业，为了提高管理效率，降低管理成本，没有必要设置这么多详细的制度了，所以裁剪和优化是很多中小企业HR和各级管理者必须要掌握的。

表 23-4　　　　　　　　中小企业、小微企业制度裁剪优化

类别	中小企业	小微企业	备注
考勤休假	建议单独保留	员工经常查阅	
员工招聘	建议单独保留	合并成《招聘管理制度》	考虑管理人员查阅方便性
试用期和转正	可纳入《员工招聘》中		
劳动合同管理	可纳入《员工招聘》中		
绩效考核	建议单独保留	绩效和薪酬管理制度可合并	
薪酬福利	建议单独保留		
员工培训	建议单独保留	员工经常查阅	
员工异动	建议单独保留	可以裁减	
员工离职	建议单独保留	员工经常查阅	
实习生	可纳入《员工招聘》中	并到《招聘管理制度》	
员工档案		可以裁剪	
岗位管理		并到《招聘管理制度》	
劳动纪律	建议单独保留	可纳入《劳动合同》中	单独公示效果好
特殊人员管理	可纳入《员工招聘》中	按需裁剪	
人力资源规划	不需要单独制定	可以裁剪	
任职资格	可纳入《员工招聘》中	可以裁剪	
管理干部管理	—	可以裁剪	
员工激励	—	可以裁剪	
评优奖先	—	可纳入《员工手册》	
企业文化	—	可以裁剪	
劳动争议	—	可以裁剪	可纳入《劳动合同》中约定
员工代表大会	—	可以裁剪	
《员工手册》	员工入职时签署	需要保留	提炼制度要点

上述裁剪建议仅供参考，对于规模不大的企业，还有一种最精简的方法，就是只编制《企业人力资源管理制度大全》，提炼出每个制度的关键点纳入制度中，根据需要部分制度还可以单独纳入《劳动合同书》或《员工手册》中，这种做法非常简单扼要，可提高内部管理效率。

> **经验分享** Human Resources
>
> 中小企业划分为中型、小型和微型三种类型，具体标准根据企业从业人员、营业收入、资产总额等指标，结合行业特点制定。
>
> 小微企业是小型企业、微型企业、家庭作坊式企业和个体工商户的统称。

附录1:《劳动合同法》重点解读

【题记】《中华人民共和国劳动合同法》已由第十届全国人民代表大会常务委员会第二十八次会议于2007年6月29日通过，自2008年1月1日起施行。2012年12月28日第十一届全国人民代表大会常务委员会第三十次会议通过《关于修改〈中华人民共和国劳动合同法〉的决定》。

中华人民共和国劳动合同法

第一章 总 则

第一条 为了完善劳动合同制度，明确劳动合同双方当事人的权利和义务，保护劳动者的合法权益，构建和发展和谐稳定的劳动关系，制定本法。

第二条 中华人民共和国境内的企业、个体经济组织、民办非企业单位等组织（以下称用人单位）与劳动者建立劳动关系，订立、履行、变更、解除或者终止劳动合同，适用本法。

国家机关、事业单位、社会团体和与其建立劳动关系的劳动者，订立、履行、变更、解除或者终止劳动合同，依照本法执行。

第三条 订立劳动合同，应当遵循合法、公平、平等自愿、协商一致、诚实信用的原则。

依法订立的劳动合同具有约束力，用人单位与劳动者应当履行劳动合同约定的义务。

【重点解读】为了避免纠纷，在签订合同之前应本着"先小人，后君子"的原则谈录用条件和合同签订约定条款，否则可能发生法律纠纷。

第四条 用人单位应当依法建立和完善劳动规章制度，保障劳动者享有劳动权利、履行劳动义务。

用人单位在制定、修改或者决定有关劳动报酬、工作时间、休息休假、劳动安全卫生、保险福利、职工培训、劳动纪律以及劳动定额管理等直接涉及劳动者切身利益的规章制度或者重大事项时，应当经职工代表大会或者全体职工讨论，提出方案和意见，与工会或者职工代表平等协商确定。

在规章制度和重大事项决定实施过程中，工会或者职工认为不适当的，有权向用人单位提出，通过协商予以修改完善。

用人单位应当将直接涉及劳动者切身利益的规章制度和重大事项决定公示，或者告知劳动者。

【重点解读】公司在制定和员工切身利益相关的管理制度时，必须民主、合法公示，防止企业单方面直接发布制度无效的行为。

第五条 县级以上人民政府劳动行政部门会同工会和企业方面代表，建立健全协调劳动关系三方机制，共同研究解决有关劳动关系的重大问题。

第六条 工会应当帮助、指导劳动者与用人单位依法订立和履行劳动合同，并与用人单位建立集体协商机制，维护劳动者的合法权益。

第二章　劳动合同的订立

第七条 用人单位自用工之日起即与劳动者建立劳动关系。用人单位应当建立职工名册备查。

【重点解读】劳动关系的确认日是用工之日，而不是签订合同的日期。

第八条 用人单位招用劳动者时，应当如实告知劳动者工作内容、工作条件、工作地点、职业危害、安全生产状况、劳动报酬，以及劳动者要求了解的其他情况；用人单位有权了解劳动者与劳动合同直接相关的基本情况，劳动者应当如实说明。

【重点解读】为了避免劳动纠纷，在招聘新员工，特别是计划要录用新员工的时候，要规范《录用通知书》的格式和条款，防止出现劳动纠纷。

第九条 用人单位招用劳动者，不得扣押劳动者的居民身份证和其他证件，不得要求劳动者提供担保或者以其他名义向劳动者收取财物。

【重点解读】扣押居民身份证和各种证件（如学历证和学位证）、要求劳动者提供担保都属于违法行为，入职时各种形式的担保法律都是不支持的。

第十条　建立劳动关系，应当订立书面劳动合同。

已建立劳动关系，未同时订立书面劳动合同的，应当自用工之日起一个月内订立书面劳动合同。

用人单位与劳动者在用工前订立劳动合同的，劳动关系自用工之日起建立。

【重点解读】为了避免劳动纠纷，员工入职后要及时签订《劳动合同书》，逾期需要支付双倍工资作为赔偿。

第十一条　用人单位未在用工的同时订立书面劳动合同，与劳动者约定的劳动报酬不明确的，新招用的劳动者的劳动报酬按照集体合同规定的标准执行；没有集体合同或者集体合同未规定的，实行同工同酬。

第十二条　劳动合同分为固定期限劳动合同、无固定期限劳动合同和以完成一定工作任务为期限的劳动合同。

第十三条　固定期限劳动合同，是指用人单位与劳动者约定合同终止时间的劳动合同。

用人单位与劳动者协商一致，可以订立固定期限劳动合同。

第十四条　无固定期限劳动合同，是指用人单位与劳动者约定无确定终止时间的劳动合同。

用人单位与劳动者协商一致，可以订立无固定期限劳动合同。有下列情形之一，劳动者提出或者同意续订、订立劳动合同的，除劳动者提出订立固定期限劳动合同外，应当订立无固定期限劳动合同：

（一）劳动者在该用人单位连续工作满十年的；

（二）用人单位初次实行劳动合同制度或者国有企业改制重新订立劳动合同时，劳动者在该用人单位连续工作满十年且距法定退休年龄不足十年的；

（三）连续订立二次固定期限劳动合同，且劳动者没有本法第三十九条和第四十条第一项、第二项规定的情形，续订劳动合同的。

用人单位自用工之日起满一年不与劳动者订立书面劳动合同的，视为用人单位与劳动者已订立无固定期限劳动合同。

【重点解读】①要注意"用人单位与劳动者协商一致可以订立无固定期限劳动合同"；②特别需要强调的是，连续订立二次固定期限劳动合同的合同到期，如果员工提出签订劳动合同的企业要无条件接受签订无固定期限劳动合同。

第十五条　以完成一定工作任务为期限的劳动合同，是指用人单位与劳动者约定以某项工作的完成为合同期限的劳动合同。

用人单位与劳动者协商一致，可以订立以完成一定工作任务为期限的劳动合同。

第十六条　劳动合同由用人单位与劳动者协商一致，并经用人单位与劳动者在劳动合同文本上签字或者盖章生效。

劳动合同文本由用人单位和劳动者各执一份。

第十七条　劳动合同应当具备以下条款：

（一）用人单位的名称、住所和法定代表人或者主要负责人；

（二）劳动者的姓名、住址和居民身份证或者其他有效身份证件号码；

（三）劳动合同期限；

（四）工作内容和工作地点；

（五）工作时间和休息休假；

（六）劳动报酬；

（七）社会保险；

（八）劳动保护、劳动条件和职业危害防护；

（九）法律、法规规定应当纳入劳动合同的其他事项。

【重点解读】《劳动合同书》要规范、要覆盖上述所有合同要点。

劳动合同除前款规定的必备条款外，用人单位与劳动者可以约定试用期、培训、保守秘密、补充保险和福利待遇等其他事项。

第十八条　劳动合同对劳动报酬和劳动条件等标准约定不明确，引发争议的，用人单位与劳动者可以重新协商；协商不成的，适用集体合同规定；没有集体合同或者集体合同未规定劳动报酬的，实行同工同酬；没有集体合同或者集体合同未规定劳动条件等标准的，适用国家有关规定。

第十九条　劳动合同期限三个月以上不满一年的，试用期不得超过一个月；劳动合同期限一年以上不满三年的，试用期不得超过二个月；三年以上固定期限和无固定期限的劳动合同，试用期不得超过六个月。

同一用人单位与同一劳动者只能约定一次试用期。

【重点解读】试用期和签订合同有法律规定《劳动合同书》对于延长试用期要有清晰规定，最长不能超过6个月（含），一旦超过6个月，哪怕超过1秒钟，也视同员工自动转正。

以完成一定工作任务为期限的劳动合同或者劳动合同期限不满三个月的，不得约定试用期。

试用期包含在劳动合同期限内。劳动合同仅约定试用期的，试用期不成立，该期限为劳动合同期限。

第二十条　劳动者在试用期的工资不得低于本单位相同岗位最低档工资或者劳动合同约定工资的百分之八十，并不得低于用人单位所在地的最低工资标准。

【重点解读】全国每个城市每年的最低工资标准都不同，要留意当地人力资源和社会保障局的网站，或者当地报纸等媒体发布的信息。

第二十一条　在试用期中，除劳动者有本法第三十九条和第四十条第一项、第二项规定的情形外，用人单位不得解除劳动合同。用人单位在试用期解除劳动合同的，应当向劳动者说明理由。

【重点解读】很多人认为试用期员工可随意解除劳动合同，这种想法绝对是错误的。如果劳动者要求提供不符合录用条件的证据，企业无法提供，企业就会有仲裁败诉的风险。

第二十二条　用人单位为劳动者提供专项培训费用，对其进行专业技术培训的，可以与该劳动者订立协议，约定服务期。

劳动者违反服务期约定的，应当按照约定向用人单位支付违约金。违约金的数额不得超过用人单位提供的培训费用。用人单位要求劳动者支付的违约金不得超过服务期尚未履行部分所应分摊的培训费用。

用人单位与劳动者约定服务期的，不影响按照正常的工资调整机制提高劳动者在服务期期间的劳动报酬。

【重点解读】要特别注意的是：①"提供专项培训"，企业内部组织的培训方式无效，专项培训涉及外部培训机构专项培训协议或费用证据等；②违约金的数额不得超过用人单位提供的培训费用，一般采用按年度均摊逐年递减的原则签订培训协议，并落实到《培训协议》中。

第二十三条　用人单位与劳动者可以在劳动合同中约定保守用人单位的商业秘密和与知识产权相关的保密事项。

对负有保密义务的劳动者，用人单位可以在劳动合同或者保密协议中与劳动者约定竞业限制条款，并约定在解除或者终止劳动合同后，在竞业限制期限内按月给予劳动者经济补偿。劳动者违反竞业限制约定的，应当按照约定向用人单位支付违约金。

第二十四条　竞业限制的人员限于用人单位的高级管理人员、高级技术人员和其他负有保密义务的人员。竞业限制的范围、地域、期限由用人单位与劳动者约定，竞业限制的约定不得违反法律、法规的规定。

在解除或者终止劳动合同后，前款规定的人员到与本单位生产或者经营同类产品、从事同类业务的有竞争关系的其他用人单位，或者自己开业生产或者经营同类产品、从事同类业务的竞业限制期限，不得超过二年。

【重点解读】竞业限制必须离职后支付、有支付经济补偿作为客观证据，没有支付经济补偿，竞业限制协议自动失效。

第二十五条　除本法第二十二条和第二十三条规定的情形外，用人单位不得与劳动者约定由劳动者承担违约金。

【重点解读】专项培训和竞业限制外其他任何情形都不能约定违约金。

第二十六条　下列劳动合同无效或者部分无效：

（一）以欺诈、胁迫的手段或者乘人之危，使对方在违背真实意思的情况下订立或者变更劳动合同的；

（二）用人单位免除自己的法定责任、排除劳动者权利的；

（三）违反法律、行政法规强制性规定的。

对劳动合同的无效或者部分无效有争议的，由劳动争议仲裁机构或者人民法院确认。

【重点解读】用人单位要特别注意"免除自己的法定责任、排除劳动者权利的"的行为，经常遇到的问题是新员工在签订劳动合同时遇到用人单位的"霸王条款"。

第二十七条　劳动合同部分无效，不影响其他部分效力的，其他部分仍然有效。

第二十八条　劳动合同被确认无效，劳动者已付出劳动的，用人单位应当向劳动者支付劳动报酬。劳动报酬的数额，参照本单位相同或者相近岗位劳动者的劳动报酬确定。

第三章　劳动合同的履行和变更

第二十九条　用人单位与劳动者应当按照劳动合同的约定，全面履行各自的义务。

第三十条　用人单位应当按照劳动合同约定和国家规定，向劳动者及时足额支付劳动报酬。

用人单位拖欠或者未足额支付劳动报酬的，劳动者可以依法向当地人民法院申请支付令，人民法院应当依法发出支付令。

【重点解读】薪酬是否足额，在人力资源管理实践中要特别注意保留客观有效的管理证据。

第三十一条　用人单位应当严格执行劳动定额标准，不得强迫或者变相强迫劳动者加班。用人单位安排加班的，应当按照国家有关规定向劳动者支付加班费。

【重点解读】在人力管理实践中要特别注意加班的管理。

第三十二条　劳动者拒绝用人单位管理人员违章指挥、强令冒险作业的，不视为违反劳动合同。

劳动者对危害生命安全和身体健康的劳动条件，有权对用人单位提出批评、检举和控告。

第三十三条　用人单位变更名称、法定代表人、主要负责人或者投资人等事项，不影响劳动合同的履行。

【重点解读】变更企业名称、法人，不影响合同延续有效性。

第三十四条　用人单位发生合并或者分立等情况，原劳动合同继续有效，劳动合同由承继其权利和义务的用人单位继续履行。

第三十五条　用人单位与劳动者协商一致，可以变更劳动合同约定的内容。变更劳动合同，应当采用书面形式。

变更后的劳动合同文本由用人单位和劳动者各执一份。

第四章　劳动合同的解除和终止

第三十六条　用人单位与劳动者协商一致，可以解除劳动合同。

第三十七条　劳动者提前三十日以书面形式通知用人单位，可以解除劳动合同。劳动者在试用期内提前三日通知用人单位，可以解除劳动合同。

【重点解读】劳动者主动提出离职正式员工必须提前30天，试用期提前3天，并且公司不需要作任何经济补偿。

第三十八条　用人单位有下列情形之一的，劳动者可以解除劳动合同：

（一）未按照劳动合同约定提供劳动保护或者劳动条件的；

（二）未及时足额支付劳动报酬的；

（三）未依法为劳动者缴纳社会保险费的；

（四）用人单位的规章制度违反法律、法规的规定，损害劳动者权益的；

（五）因本法第二十六条第一款规定的情形致使劳动合同无效的；

（六）法律、行政法规规定劳动者可以解除劳动合同的其他情形。

【重点解读】企业要特别关注"未按时足额支付劳动报酬""未依法为劳动者缴纳社会保险费"等容易出现的问题，这些问题极易引起劳动纠纷。

用人单位以暴力、威胁或者非法限制人身自由的手段强迫劳动者劳动的，或者用人单位违章指挥、强令冒险作业危及劳动者人身安全的，劳动者可以立即解除劳动合同，不需事先告知用人单位。

第三十九条　劳动者有下列情形之一的，用人单位可以解除劳动合同：

（一）在试用期间被证明不符合录用条件的；

（二）严重违反用人单位的规章制度的；

（三）严重失职，营私舞弊，给用人单位造成重大损害的；

（四）劳动者同时与其他用人单位建立劳动关系，对完成本单位的工作任务造成严重影响，或者经用人单位提出，拒不改正的；

（五）因本法第二十六条第一款第一项规定的情形致使劳动合同无效的；

（六）被依法追究刑事责任的。

【重点解读】为了防范劳动者同时与其他用人单位建立劳动关系，员工入职时必须提供上家单位离职证明，其他企业雇佣本公司尚未离职员工，要承担对本企业的经济赔偿。

第四十条　有下列情形之一的，用人单位提前三十日以书面形式通知劳动者本人或者额外支付劳动者一个月工资后，可以解除劳动合同：

（一）劳动者患病或者非因工负伤，在规定的医疗期满后不能从事原工作，也不能从事由用人单位另行安排的工作的；

（二）劳动者不能胜任工作，经过培训或者调整工作岗位，仍不能胜任工作的；

（三）劳动合同订立时所依据的客观情况发生重大变化，致使劳动合同无法履行，经用人单位与劳动者协商，未能就变更劳动合同内容达成协议的。

【重点解读】劳动者患病或者非因工负伤在规定的医疗期满后要优先考虑内部岗位调剂，劳动者不能胜任工作要优先考虑培训，这是公司人性化管理的体现。

第四十一条　有下列情形之一，需要裁减人员二十人以上或者裁减不足二十人但占企业职工总数百分之十以上的，用人单位提前三十日向工会或者全体职工说明情况，听取工会或者职工的意见后，裁减人员方案经向劳动行政部门报告，可以裁减人员：

（一）依照企业破产法规定进行重整的；

（二）生产经营发生严重困难的；

（三）企业转产、重大技术革新或者经营方式调整，经变更劳动合同后，仍需裁减人员的；

（四）其他因劳动合同订立时所依据的客观经济情况发生重大变化，致使劳动合同无法履行的。

裁减人员时，应当优先留用下列人员：

（一）与本单位订立较长期限的固定期限劳动合同的；

（二）与本单位订立无固定期限劳动合同的；

（三）家庭无其他就业人员，有需要扶养的老人或者未成年人的。

用人单位依照本条第一款规定裁减人员，在六个月内重新招用人员的，应当通知被裁减的人员，并在同等条件下优先招用被裁减的人员。

第四十二条　劳动者有下列情形之一的，用人单位不得依照本法第四十条、第四十一条的规定解除劳动合同：

（一）从事接触职业病危害作业的劳动者未进行离岗前职业健康检查，或者疑似职业病病人在诊断或者医学观察期间的；

（二）在本单位患职业病或者因工负伤并被确认丧失或者部分丧失劳动能力的；

（三）患病或者非因工负伤，在规定的医疗期内的；

（四）女职工在孕期、产期、哺乳期的；

（五）在本单位连续工作满十五年，且距法定退休年龄不足五年的；

（六）法律、行政法规规定的其他情形。

【重点解读】 高度关注《妇女权益保护法》《企业职工患病或非因工负伤医疗期规定》的法律规定，特别注意规定的医疗期内、三期女工（孕期、产期、哺乳期）不能随意解除劳动合同。

第四十三条　用人单位单方解除劳动合同，应当事先将理由通知工会。用人单位违反法律、行政法规规定或者劳动合同约定的，工会有权要求用人单位纠正。用人单位应当研究工会的意见，并将处理结果书面通知工会。

第四十四条 有下列情形之一的，劳动合同终止：

（一）劳动合同期满的；

（二）劳动者开始依法享受基本养老保险待遇的；

（三）劳动者死亡，或者被人民法院宣告死亡或者宣告失踪的；

（四）用人单位被依法宣告破产的；

（五）用人单位被吊销营业执照、责令关闭、撤销或者用人单位决定提前解散的；

（六）法律、行政法规规定的其他情形。

【**重点解读**】劳动合同到期，员工提出不续签，企业不需要给予经济补偿，但是如果企业提出不续签，企业需要给予员工经济补偿。

第四十五条 劳动合同期满，有本法第四十二条规定情形之一的，劳动合同应当续延至相应的情形消失时终止。但是，本法第四十二条第二项规定丧失或者部分丧失劳动能力劳动者的劳动合同的终止，按照国家有关工伤保险的规定执行。

第四十六条 有下列情形之一的，用人单位应当向劳动者支付经济补偿：

（一）劳动者依照本法第三十八条规定解除劳动合同的；

（二）用人单位依照本法第三十六条规定向劳动者提出解除劳动合同并与劳动者协商一致解除劳动合同的；

（三）用人单位依照本法第四十条规定解除劳动合同的；

（四）用人单位依照本法第四十一条第一款规定解除劳动合同的；

（五）除用人单位维持或者提高劳动合同约定条件续订劳动合同，劳动者不同意续订的情形外，依照本法第四十四条第一项规定终止固定期限劳动合同的；

（六）依照本法第四十四条第四项、第五项规定终止劳动合同的；

（七）法律、行政法规规定的其他情形。

第四十七条 经济补偿按劳动者在本单位工作的年限，每满一年支付一个月工资的标准向劳动者支付。六个月以上不满一年的，按一年计算；不满六个月的，向劳动者支付半个月工资的经济补偿。

劳动者月工资高于用人单位所在直辖市、设区的市级人民政府公布的本地区上年度职工月平均工资三倍的，向其支付经济补偿的标准按职工月平均工资三倍的数额支付，向其支付经济补偿的年限最高不超过十二年。

本条所称月工资是指劳动者在劳动合同解除或者终止前十二个月的平均工资。

【重点解读】每年每个地区（城市）上年度职工月平均工资都不同，封顶数也不同，如果员工月薪没有超过上限则没有12年的年限限制。

第四十八条　用人单位违反本法规定解除或者终止劳动合同，劳动者要求继续履行劳动合同的，用人单位应当继续履行；劳动者不要求继续履行劳动合同或者劳动合同已经不能继续履行的，用人单位应当依照本法第八十七条规定支付赔偿金。

【重点解读】补偿是合法性的补偿，赔偿则是有惩罚性质的。

第四十九条　国家采取措施，建立健全劳动者社会保险关系跨地区转移接续制度。

第五十条　用人单位应当在解除或者终止劳动合同时出具解除或者终止劳动合同的证明，并在十五日内为劳动者办理档案和社会保险关系转移手续。

劳动者应当按照双方约定，办理工作交接。用人单位依照本法有关规定应当向劳动者支付经济补偿的，在办结工作交接时支付。

用人单位对已经解除或者终止的劳动合同的文本，至少保存二年备查。

【重点解读】对于离职员工不能销毁劳动合同，至少保留2年。

第五章　特别规定

第一节　集体合同

第五十一条　企业职工一方与用人单位通过平等协商，可以就劳动报酬、工作时间、休息休假、劳动安全卫生、保险福利等事项订立集体合同。集体合同草案应当提交职工代表大会或者全体职工讨论通过。

集体合同由工会代表企业职工一方与用人单位订立；尚未建立工会的用人单位，由上级工会指导劳动者推举的代表与用人单位订立。

第五十二条　企业职工一方与用人单位可以订立劳动安全卫生、女职工权益保护、工资调整机制等专项集体合同。

第五十三条　在县级以下区域内，建筑业、采矿业、餐饮服务业等行业可以由工会与企业方面代表订立行业性集体合同，或者订立区域性集体合同。

第五十四条　集体合同订立后，应当报送劳动行政部门；劳动行政部门自收到集体合同文本之日起十五日内未提出异议的，集体合同即行生效。

依法订立的集体合同对用人单位和劳动者具有约束力。行业性、区域性集体合同对当地本行业、本区域的用人单位和劳动者具有约束力。

第五十五条 集体合同中劳动报酬和劳动条件等标准不得低于当地人民政府规定的最低标准；用人单位与劳动者订立的劳动合同中劳动报酬和劳动条件等标准不得低于集体合同规定的标准。

第五十六条 用人单位违反集体合同，侵犯职工劳动权益的，工会可以依法要求用人单位承担责任；因履行集体合同发生争议，经协商解决不成的，工会可以依法申请仲裁、提起诉讼。

第二节　劳务派遣

第五十七条 经营劳务派遣业务应当具备下列条件：
（一）注册资本不得少于人民币二百万元；
（二）有与开展业务相适应的固定的经营场所和设施；
（三）有符合法律、行政法规规定的劳务派遣管理制度；
（四）法律、行政法规规定的其他条件。

经营劳务派遣业务，应当向劳动行政部门依法申请行政许可；经许可的，依法办理相应的公司登记。未经许可，任何单位和个人不得经营劳务派遣业务。

第五十八条 劳务派遣单位是本法所称用人单位，应当履行用人单位对劳动者的义务。劳务派遣单位与被派遣劳动者订立的劳动合同，除应当载明本法第十七条规定的事项外，还应当载明被派遣劳动者的用工单位以及派遣期限、工作岗位等情况。

劳务派遣单位应当与被派遣劳动者订立二年以上的固定期限劳动合同，按月支付劳动报酬；被派遣劳动者在无工作期间，劳务派遣单位应当按照所在地人民政府规定的最低工资标准，向其按月支付报酬。

第五十九条 劳务派遣单位派遣劳动者应当与接受以劳务派遣形式用工的单位（以下称用工单位）订立劳务派遣协议。劳务派遣协议应当约定派遣岗位和人员数量、派遣期限、劳动报酬和社会保险费的数额与支付方式以及违反协议的责任。

用工单位应当根据工作岗位的实际需要与劳务派遣单位确定派遣期限，不得将连续用工期限分割订立数个短期劳务派遣协议。

第六十条 劳务派遣单位应当将劳务派遣协议的内容告知被派遣劳动者。

劳务派遣单位不得克扣用工单位按照劳务派遣协议支付给被派遣劳动者的劳动报酬。

劳务派遣单位和用工单位不得向被派遣劳动者收取费用。

第六十一条 劳务派遣单位跨地区派遣劳动者的，被派遣劳动者享有的劳动报酬和劳动条件，按照用工单位所在地的标准执行。

第六十二条 用工单位应当履行下列义务：

（一）执行国家劳动标准，提供相应的劳动条件和劳动保护；

（二）告知被派遣劳动者的工作要求和劳动报酬；

（三）支付加班费、绩效奖金，提供与工作岗位相关的福利待遇；

（四）对在岗被派遣劳动者进行工作岗位所必需的培训；

（五）连续用工的，实行正常的工资调整机制。

用工单位不得将被派遣劳动者再派遣到其他用人单位。

第六十三条 被派遣劳动者享有与用工单位的劳动者同工同酬的权利。用工单位应当按照同工同酬原则，对被派遣劳动者与本单位同类岗位的劳动者实行相同的劳动报酬分配办法。用工单位无同类岗位劳动者的，参照用工单位所在地相同或者相近岗位劳动者的劳动报酬确定。

劳务派遣单位与被派遣劳动者订立的劳动合同和与用工单位订立的劳务派遣协议，载明或者约定的向被派遣劳动者支付的劳动报酬应当符合前款规定。

第六十四条 被派遣劳动者有权在劳务派遣单位或者用工单位依法参加或者组织工会，维护自身的合法权益。

第六十五条 被派遣劳动者可以依照本法第三十六条、第三十八条的规定与劳务派遣单位解除劳动合同。

被派遣劳动者有本法第三十九条和第四十条第一项、第二项规定情形的，用工单位可以将劳动者退回劳务派遣单位，劳务派遣单位依照本法有关规定，可以与劳动者解除劳动合同。

第六十六条 劳动合同用工是我国的企业基本用工形式。劳务派遣用工是补充形式，只能在临时性、辅助性或者替代性的工作岗位上实施。

前款规定的临时性工作岗位是指存续时间不超过六个月的岗位；辅助性工作岗位是指为主营业务岗位提供服务的非主营业务岗位；替代性工作岗位是指用工单位的劳动者因脱产学习、休假等原因无法工作的一定期间内，可以由其他劳动者替代工作的岗位。

用工单位应当严格控制劳务派遣用工数量，不得超过其用工总量的一定比例，具体比例由国务院劳动行政部门规定。

第六十七条 用人单位不得设立劳务派遣单位向本单位或者所属单位派遣劳动者。

第三节 非全日制用工

第六十八条 非全日制用工，是指以小时计酬为主，劳动者在同一用人单位一般平均每日工作时间不超过四小时，每周工作时间累计不超过二十四小时的用工形式。

第六十九条　非全日制用工双方当事人可以订立口头协议。

从事非全日制用工的劳动者可以与一个或者一个以上用人单位订立劳动合同；但是，后订立的劳动合同不得影响先订立的劳动合同的履行。

第七十条　非全日制用工双方当事人不得约定试用期。

第七十一条　非全日制用工双方当事人任何一方都可以随时通知对方终止用工。终止用工，用人单位不向劳动者支付经济补偿。

第七十二条　非全日制用工小时计酬标准不得低于用人单位所在地人民政府规定的最低小时工资标准。

非全日制用工劳动报酬结算支付周期最长不得超过十五日。

第六章　监督检查

第七十三条　国务院劳动行政部门负责全国劳动合同制度实施的监督管理。

县级以上地方人民政府劳动行政部门负责本行政区域内劳动合同制度实施的监督管理。

县级以上各级人民政府劳动行政部门在劳动合同制度实施的监督管理工作中，应当听取工会、企业方面代表以及有关行业主管部门的意见。

第七十四条　县级以上地方人民政府劳动行政部门依法对下列实施劳动合同制度的情况进行监督检查：

（一）用人单位制定直接涉及劳动者切身利益的规章制度及其执行的情况；

（二）用人单位与劳动者订立和解除劳动合同的情况；

（三）劳务派遣单位和用工单位遵守劳务派遣有关规定的情况；

（四）用人单位遵守国家关于劳动者工作时间和休息休假规定的情况；

（五）用人单位支付劳动合同约定的劳动报酬和执行最低工资标准的情况；

（六）用人单位参加各项社会保险和缴纳社会保险费的情况；

（七）法律、法规规定的其他劳动监察事项。

第七十五条　县级以上地方人民政府劳动行政部门实施监督检查时，有权查阅与劳动合同、集体合同有关的材料，有权对劳动场所进行实地检查，用人单位和劳动者都应当如实提供有关情况和材料。

劳动行政部门的工作人员进行监督检查，应当出示证件，依法行使职权，文明执法。

第七十六条　县级以上人民政府建设、卫生、安全生产监督管理等有关主管部门在各自职责范围内，对用人单位执行劳动合同制度的情况进行监督管理。

第七十七条　劳动者合法权益受到侵害的，有权要求有关部门依法处理，或者依法申请仲裁、提起诉讼。

第七十八条　工会依法维护劳动者的合法权益，对用人单位履行劳动合同、集体合同的情况进行监督。用人单位违反劳动法律、法规和劳动合同、集体合同的，工会有权提出意见或者要求纠正；劳动者申请仲裁、提起诉讼的，工会依法给予支持和帮助。

第七十九条　任何组织或者个人对违反本法的行为都有权举报，县级以上人民政府劳动行政部门应当及时核实、处理，并对举报有功人员给予奖励。

第七章　法律责任

第八十条　用人单位直接涉及劳动者切身利益的规章制度违反法律、法规规定的，由劳动行政部门责令改正，给予警告；给劳动者造成损害的，应当承担赔偿责任。

第八十一条　用人单位提供的劳动合同文本未载明本法规定的劳动合同必备条款或者用人单位未将劳动合同文本交付劳动者的，由劳动行政部门责令改正；给劳动者造成损害的，应当承担赔偿责任。

第八十二条　用人单位自用工之日起超过一个月不满一年未与劳动者订立书面劳动合同的，应当向劳动者每月支付二倍的工资。

用人单位违反本法规定不与劳动者订立无固定期限劳动合同的，自应当订立无固定期限劳动合同之日起向劳动者每月支付二倍的工资。

【重点解读】 赔偿是有惩罚性的，人力资源管理部门要高度关注经济赔偿的规定。

第八十三条　用人单位违反本法规定与劳动者约定试用期的，由劳动行政部门责令改正；违法约定的试用期已经履行的，由用人单位以劳动者试用期满月工资为标准，按已经履行的超过法定试用期的期间向劳动者支付赔偿金。

第八十四条　用人单位违反本法规定，扣押劳动者居民身份证等证件的，由劳动行政部门责令限期退还劳动者本人，并依照有关法律规定给予处罚。

用人单位违反本法规定，以担保或者其他名义向劳动者收取财物的，由劳动行政部门责令限期退还劳动者本人，并以每人五百元以上二千元以下的标准处以罚款；给劳动者造成损害的，应当承担赔偿责任。

劳动者依法解除或者终止劳动合同，用人单位扣押劳动者档案或者其他物品的，依照前款规定处罚。

第八十五条　用人单位有下列情形之一的，由劳动行政部门责令限期支付劳动报酬、加班费或者经济补偿；劳动报酬低于当地最低工资标准的，应当支付其差额部分；逾期不支付的，责令用人单位按应付金额百分之五十以上百分之一百以下的标准向劳动者加付赔偿金：

（一）未按照劳动合同的约定或者国家规定及时足额支付劳动者劳动报酬的；

（二）低于当地最低工资标准支付劳动者工资的；

（三）安排加班不支付加班费的；

（四）解除或者终止劳动合同，未依照本法规定向劳动者支付经济补偿的。

第八十六条　劳动合同依照本法第二十六条规定被确认无效，给对方造成损害的，有过错的一方应当承担赔偿责任。

第八十七条　用人单位违反本法规定解除或者终止劳动合同的，应当依照本法第四十七条规定的经济补偿标准的二倍向劳动者支付赔偿金。

【重点解读】支付赔偿金后不需要再支付经济补偿金。

第八十八条　用人单位有下列情形之一的，依法给予行政处罚；构成犯罪的，依法追究刑事责任；给劳动者造成损害的，应当承担赔偿责任：

（一）以暴力、威胁或者非法限制人身自由的手段强迫劳动的；

（二）违章指挥或者强令冒险作业危及劳动者人身安全的；

（三）侮辱、体罚、殴打、非法搜查或者拘禁劳动者的；

（四）劳动条件恶劣、环境污染严重，给劳动者身心健康造成严重损害的。

第八十九条　用人单位违反本法规定未向劳动者出具解除或者终止劳动合同的书面证明，由劳动行政部门责令改正；给劳动者造成损害的，应当承担赔偿责任。

第九十条　劳动者违反本法规定解除劳动合同，或者违反劳动合同中约定的保密义务或者竞业限制，给用人单位造成损失的，应当承担赔偿责任。

第九十一条　用人单位招用与其他用人单位尚未解除或者终止劳动合同的劳动者，给其他用人单位造成损失的，应当承担连带赔偿责任。

第九十二条　违反本法规定，未经许可，擅自经营劳务派遣业务的，由劳动行政部门责令停止违法行为，没收违法所得，并处违法所得一倍以上五倍以下的罚款；没有违法所得的，可以处五万元以下的罚款。

劳务派遣单位、用工单位违反本法有关劳务派遣规定的，由劳动行政部门责令限期改正；逾期不改正的，以每人五千元以上一万元以下的标准处以罚款，对劳务派遣单位，吊销其劳务派遣业务经营许可证。用工单位给被派遣劳动者造成损害的，劳务派遣单位与用工单位承担连带赔偿责任。

第九十三条　对不具备合法经营资格的用人单位的违法犯罪行为，依法追究法律责任；劳动者已经付出劳动的，该单位或者其出资人应当依照本法有关规定向劳动者支付劳动报酬、经济补偿、赔偿金；给劳动者造成损害的，应当承担赔偿责任。

第九十四条　个人承包经营违反本法规定招用劳动者，给劳动者造成损害的，发包的组织与个人承包经营者承担连带赔偿责任。

第九十五条　劳动行政部门和其他有关主管部门及其工作人员玩忽职守、不履行法定职责，或者违法行使职权，给劳动者或者用人单位造成损害的，应当承担赔偿责任；对直接负责的主管人员和其他直接责任人员，依法给予行政处分；构成犯罪的，依法追究刑事责任。

第八章　附　则

第九十六条　事业单位与实行聘用制的工作人员订立、履行、变更、解除或者终止劳动合同，法律、行政法规或者国务院另有规定的，依照其规定；未作规定的，依照本法有关规定执行。

第九十七条　本法施行前已依法订立且在本法施行之日存续的劳动合同，继续履行；本法第十四条第二款第三项规定连续订立固定期限劳动合同的次数，自本法施行后续订固定期限劳动合同时开始计算。

本法施行前已建立劳动关系，尚未订立书面劳动合同的，应当自本法施行之日起一个月内订立。

本法施行之日存续的劳动合同在本法施行后解除或者终止，依照本法第四十六条规定应当支付经济补偿的，经济补偿年限自本法施行之日起计算；本法施行前按照当时有关规定，用人单位应当向劳动者支付经济补偿的，按照当时有关规定执行。

第九十八条　本法自 2008 年 1 月 1 日起施行。

【重点解读】协商解除劳动合同的经济补偿以员工入职日期为基准，劳动合同到期企业提出解除劳动合同的，以 2008 年 1 月 1 日为基准，要特别注意二者的区别。

附录2:《社会保险法》重点解读

第一章 总则

第一条 为了规范社会保险关系,维护公民参加社会保险和享受社会保险待遇的合法权益,使公民共享发展成果,促进社会和谐稳定,根据宪法,制定本法。

第二条 国家建立基本养老保险、基本医疗保险、工伤保险、失业保险、生育保险等社会保险制度,保障公民在年老、疾病、工伤、失业、生育等情况下依法从国家和社会获得物质帮助的权利。

第三条 社会保险制度坚持广覆盖、保基本、多层次、可持续的方针,社会保险水平应当与经济社会发展水平相适应。

第四条 中华人民共和国境内的用人单位和个人依法缴纳社会保险费,有权查询缴费记录、个人权益记录,要求社会保险经办机构提供社会保险咨询等相关服务。

个人依法享受社会保险待遇,有权监督本单位为其缴费情况。

第五条 县级以上人民政府将社会保险事业纳入国民经济和社会发展规划。

国家多渠道筹集社会保险资金。县级以上人民政府对社会保险事业给予必要的经费支持。

国家通过税收优惠政策支持社会保险事业。

第六条 国家对社会保险基金实行严格监管。

国务院和省、自治区、直辖市人民政府建立健全社会保险基金监督管理制度,保障社会保险基金安全、有效运行。

县级以上人民政府采取措施,鼓励和支持社会各方面参与社会保险基金的监督。

【**重点解读**】本条系关于社保基金监督的规定,监督途径包括人大监督、行政监督以及社会监督等多种渠道。

第七条 国务院社会保险行政部门负责全国的社会保险管理工作，国务院其他有关部门在各自的职责范围内负责有关的社会保险工作。

县级以上地方人民政府社会保险行政部门负责本行政区域的社会保险管理工作，县级以上地方人民政府其他有关部门在各自的职责范围内负责有关的社会保险工作。

第八条 社会保险经办机构提供社会保险服务，负责社会保险登记、个人权益记录、社会保险待遇支付等工作。

【重点解读】本条系关于社保经办机构职责的规定。

第九条 工会依法维护职工的合法权益，有权参与社会保险重大事项的研究，参加社会保险监督委员会，对与职工社会保险权益有关的事项进行监督。

第二章 基本养老保险

第十条 职工应当参加基本养老保险，由用人单位和职工共同缴纳基本养老保险费。

无雇工的个体工商户、未在用人单位参加基本养老保险的非全日制从业人员以及其他灵活就业人员可以参加基本养老保险，由个人缴纳基本养老保险费。

公务员和参照公务员法管理的工作人员养老保险的办法由国务院规定。

第十一条 基本养老保险实行社会统筹与个人账户相结合。

基本养老保险基金由用人单位和个人缴费以及政府补贴等组成。

第十二条 用人单位应当按照国家规定的本单位职工工资总额的比例缴纳基本养老保险费，记入基本养老保险统筹基金。

职工应当按照国家规定的本人工资的比例缴纳基本养老保险费，记入个人账户。

【重点解读】本条是关于职工基本养老保险缴费基数和缴费比例的规定，每种保险的缴费基数不同，各地人力资源和社会保障局会公布具体缴费基数。

无雇工的个体工商户、未在用人单位参加基本养老保险的非全日制从业人员以及其他灵活就业人员参加基本养老保险的，应当按照国家规定缴纳基本养老保险费，分别记入基本养老保险统筹基金和个人账户。

第十三条 国有企业、事业单位职工参加基本养老保险前，视同缴费年限期间应当缴纳的基本养老保险费由政府承担。

基本养老保险基金出现支付不足时，政府给予补贴。

【重点解读】视同缴费期间是指实行个人缴费制度前，职工在国有企业、事业单位工作的工龄。

第十四条　个人账户不得提前支取，记账利率不得低于银行定期存款利率，免征利息税。个人死亡的，个人账户余额可以继承。

【重点解读】个人账户养老金是个人工作期间为退休后养老积蓄资金，是国家强制提取的，退休前个人不得提前支取。个人账户养老金属于个人所有，个人死亡的（包括退休前和退休后），个人账户养老金余额可以由后代继承。

第十五条　基本养老金由统筹养老金和个人账户养老金组成。

基本养老金根据个人累计缴费年限、缴费工资、当地职工平均工资、个人账户金额、城镇人口平均预期寿命等因素确定。

第十六条　参加基本养老保险的个人，达到法定退休年龄时累计缴费满十五年的，按月领取基本养老金。

参加基本养老保险的个人，达到法定退休年龄时累计缴费不足十五年的，可以缴费至满十五年，按月领取基本养老金；也可以转入新型农村社会养老保险或者城镇居民社会养老保险，按照国务院规定享受相应的养老保险待遇。

【重点解读】最低缴费年限缴费满十五年是享受基本医疗保险待遇的"门槛"，但并不代表缴满十五年就可以不缴费，只要职工与用人单位建立劳动关系，就应按规定缴费。

第十七条　参加基本养老保险的个人，因病或者非因工死亡的，其遗属可以领取丧葬补助金和抚恤金；在未达到法定退休年龄时因病或者非因工致残完全丧失劳动能力的，可以领取病残津贴。所需资金从基本养老保险基金中支付。

【重点解读】因病或非因工死亡的社保待遇：因病或非因工死亡的，其遗属可以领取丧葬补助金和遗属抚恤金。丧葬补助金和遗属抚恤金也是职工参保享受养老保险待遇的一部分。

第十八条　国家建立基本养老金正常调整机制。根据职工平均工资增长、物价上涨情况，适时提高基本养老保险待遇水平。

【重点解读】基本养老保险待遇不仅取决于参保人员的缴费基数和缴费年限，还取决于退休养老期间国家的经济发展水平。

第十九条　个人跨统筹地区就业的，其基本养老保险关系随本人转移，缴费年限累计计算。个人达到法定退休年龄时，基本养老金分段计算、统一支付。具体办法由国务院规定。

第二十条 国家建立和完善新型农村社会养老保险制度。

新型农村社会养老保险实行个人缴费、集体补助和政府补贴相结合。

第二十一条 新型农村社会养老保险待遇由基础养老金和个人账户养老金组成。

参加新型农村社会养老保险的农村居民，符合国家规定条件的，按月领取新型农村社会养老保险待遇。

第二十二条 国家建立和完善城镇居民社会养老保险制度。

省、自治区、直辖市人民政府根据实际情况，可以将城镇居民社会养老保险和新型农村社会养老保险合并实施。

第三章 基本医疗保险

第二十三条 职工应当参加职工基本医疗保险，由用人单位和职工按照国家规定共同缴纳基本医疗保险费。

无雇工的个体工商户、未在用人单位参加职工基本医疗保险的非全日制从业人员以及其他灵活就业人员可以参加职工基本医疗保险，由个人按照国家规定缴纳基本医疗保险费。

第二十四条 国家建立和完善新型农村合作医疗制度。

新型农村合作医疗的管理办法，由国务院规定。

第二十五条 国家建立和完善城镇居民基本医疗保险制度。

城镇居民基本医疗保险实行个人缴费和政府补贴相结合。

享受最低生活保障的人、丧失劳动能力的残疾人、低收入家庭六十周岁以上的老年人和未成年人等所需个人缴费部分，由政府给予补贴。

第二十六条 职工基本医疗保险、新型农村合作医疗和城镇居民基本医疗保险的待遇标准按照国家规定执行。

> **【重点解读】** 职工基本医疗保险的待遇：职工基本医疗保险的统筹基金和个人账户按照各自的支付范围，分别核算，不得互相挤占。个人账户用于支付门诊费用、住院费用中个人自付部分以及在定点药店购物费用。统筹基金用于支付住院医疗和部分门诊大病费用。

第二十七条 参加职工基本医疗保险的个人，达到法定退休年龄时累计缴费达到国家规定年限的，退休后不再缴纳基本医疗保险费，按照国家规定享受基本医疗保待遇；未达到国家规定年限的，可以缴费至国家规定年限。

【重点解读】参保职工达到退休年龄时累计缴费达到国家规定年限退休后仍可享受基本医疗保险待遇，但无须再继续缴纳基本医疗保险费。

第二十八条 符合基本医疗保险药品目录、诊疗项目、医疗服务设施标准以及急诊、抢救的医疗费用，按照国家规定从基本医疗保险基金中支付。

第二十九条 参保人员医疗费用中应当由基本医疗保险基金支付的部分，由社会保险经办机构与医疗机构、药品经营单位直接结算。

社会保险行政部门和卫生行政部门应当建立异地就医医疗费用结算制度，方便参保人员享受基本医疗保险待遇。

第三十条 下列医疗费用不纳入基本医疗保险基金支付范围：

（一）应当从工伤保险基金中支付的；

（二）应当由第三人负担的；

（三）应当由公共卫生负担的；

（四）在境外就医的。

医疗费用依法应当由第三人负担，第三人不支付或者无法确定第三人的，由基本医疗保险基金先行支付。基本医疗保险基金先行支付后，有权向第三人追偿。

第三十一条 社会保险经办机构根据管理服务的需要，可以与医疗机构、药品经营单位签订服务协议，规范医疗服务行为。

医疗机构应当为参保人员提供合理、必要的医疗服务。

第三十二条 个人跨统筹地区就业的，其基本医疗保险关系随本人转移，缴费年限累计计算。

第四章 工伤保险

第三十三条 职工应当参加工伤保险，由用人单位缴纳工伤保险费，职工不缴纳工伤保险费。

第三十四条 国家根据不同行业的工伤风险程度确定行业的差别费率，并根据使用工伤保险基金、工伤发生率等情况在每个行业内确定费率档次。行业差别费率和行业内费率档次由国务院社会保险行政部门制定，报国务院批准后公布施行。

社会保险经办机构根据用人单位使用工伤保险基金、工伤发生率和所属行业费率档次等情况，确定用人单位缴费费率。

【重点解读】根据《关于工伤保险费率问题的通知》，我国国民经济行业分为三类，分别确定不同的费率。

第三十五条 用人单位应当按照本单位职工工资总额，根据社会保险经办机构确定的费率缴纳工伤保险费。

第三十六条 职工因工作原因受到事故伤害或者患职业病，且经工伤认定的，享受工伤保险待遇；其中，经劳动能力鉴定丧失劳动能力的，享受伤残待遇。

工伤认定和劳动能力鉴定应当简捷、方便。

【重点解读】享受工伤保险待遇的程序，主要包括工伤认定和劳动能力鉴定，详见各地规定。

第三十七条 职工因下列情形之一导致本人在工作中伤亡的，不认定为工伤：

（一）故意犯罪；

（二）醉酒或者吸毒；

（三）自残或者自杀；

（四）法律、行政法规规定的其他情形。

【重点解读】上述条款要特别关注。

第三十八条 因工伤发生的下列费用，按照国家规定从工伤保险基金中支付：

（一）治疗工伤的医疗费用和康复费用；

（二）住院伙食补助费；

（三）到统筹地区以外就医的交通食宿费；

（四）安装配置伤残辅助器具所需费用；

（五）生活不能自理的，经劳动能力鉴定委员会确认的生活护理费；

（六）一次性伤残补助金和一至四级伤残职工按月领取的伤残津贴；

（七）终止或者解除劳动合同时，应当享受的一次性医疗补助金；

（八）因工死亡的，其遗属领取的丧葬补助金、供养亲属抚恤金和因工死亡补助金；

（九）劳动能力鉴定费。

第三十九条 因工伤发生的下列费用，按照国家规定由用人单位支付：

（一）治疗工伤期间的工资福利；

（二）五级、六级伤残职工按月领取的伤残津贴；

（三）终止或者解除劳动合同时，应当享受的一次性伤残就业补助金。

第四十条 工伤职工符合领取基本养老金条件的,停发伤残津贴,享受基本养老保险待遇。基本养老保险待遇低于伤残津贴的,从工伤保险基金中补足差额。

【重点解读】本条规定了伤残津贴和基本养老保险待遇衔接问题。

第四十一条 职工所在用人单位未依法缴纳工伤保险费,发生工伤事故的,由用人单位支付工伤保险待遇。用人单位不支付的,从工伤保险基金中先行支付。

从工伤保险基金中先行支付的工伤保险待遇应当由用人单位偿还。用人单位不偿还的,社会保险经办机构可以依照本法第六十三条的规定追偿。

第四十二条 由于第三人的原因造成工伤,第三人不支付工伤医疗费用或者无法确定第三人的,由工伤保险基金先行支付。工伤保险基金先行支付后,有权向第三人追偿。

第四十三条 工伤职工有下列情形之一的,停止享受工伤保险待遇:

(一)丧失享受待遇条件的;

(二)拒不接受劳动能力鉴定的;

(三)拒绝治疗的。

第五章 失业保险

第四十四条 职工应当参加失业保险,由用人单位和职工按照国家规定共同缴纳失业保险费。

第四十五条 失业人员符合下列条件的,从失业保险基金中领取失业保险金:

(一)失业前用人单位和本人已经缴纳失业保险费满一年的;

(二)非因本人意愿中断就业的;

(三)已经进行失业登记,并有求职要求的。

第四十六条 失业人员失业前用人单位和本人累计缴费满一年不足五年的,领取失业保险金的期限最长为十二个月;累计缴费满五年不足十年的,领取失业保险金的期限最长为十八个月;累计缴费十年以上的,领取失业保险金的期限最长为二十四个月。重新就业后,再次失业的,缴费时间重新计算,领取失业保险金的期限与前次失业应当领取而尚未领取的失业保险金的期限合并计算,最长不超过二十四个月。

第四十七条 失业保险金的标准,由省、自治区、直辖市人民政府确定,不得低于城市居民最低生活保障标准。

第四十八条 失业人员在领取失业保险金期间,参加职工基本医疗保险,享受基本医疗保险待遇。

失业人员应当缴纳的基本医疗保险费从失业保险基金中支付，个人不缴纳基本医疗保险费。

第四十九条 失业人员在领取失业保险金期间死亡的，参照当地对在职职工死亡的规定，向其遗属发给一次性丧葬补助金和抚恤金。所需资金从失业保险基金中支付。

个人死亡同时符合领取基本养老保险丧葬补助金、工伤保险丧葬补助金和失业保险丧葬补助金条件的，其遗属只能选择领取其中的一项。

第五十条 用人单位应当及时为失业人员出具终止或者解除劳动关系的证明，并将失业人员的名单自终止或者解除劳动关系之日起十五日内告知社会保险经办机构。

失业人员应当持本单位为其出具的终止或者解除劳动关系的证明，及时到指定的公共就业服务机构办理失业登记。

失业人员凭失业登记证明和个人身份证明，到社会保险经办机构办理领取失业保险金的手续。失业保险金领取期限自办理失业登记之日起计算。

第五十一条 失业人员在领取失业保险金期间有下列情形之一的，停止领取失业保险金，并同时停止享受其他失业保险待遇：

（一）重新就业的；

（二）应征服兵役的；

（三）移居境外的；

（四）享受基本养老保险待遇的；

（五）无正当理由，拒不接受当地人民政府指定部门或者机构介绍的适当工作或者提供的培训的。

第五十二条 职工跨统筹地区就业的，其失业保险关系随本人转移，缴费年限累计计算。

第六章　生育保险

第五十三条 职工应当参加生育保险，由用人单位按照国家规定缴纳生育保险费，职工不缴纳生育保险费。

第五十四条 用人单位已经缴纳生育保险费的，其职工享受生育保险待遇；职工未就业配偶按照国家规定享受生育医疗费用待遇。所需资金从生育保险基金中支付。

生育保险待遇包括生育医疗费用和生育津贴。

第五十五条 生育医疗费用包括下列各项：

（一）生育的医疗费用；

（二）计划生育的医疗费用；

（三）法律、法规规定的其他项目费用。

第五十六条 职工有下列情形之一的，可以按照国家规定享受生育津贴：

（一）女职工生育享受产假；

（二）享受计划生育手术休假；

（三）法律、法规规定的其他情形。

生育津贴按照职工所在用人单位上年度职工月平均工资计发。

第七章 社会保险费征缴

第五十七条 用人单位应当自成立之日起三十日内凭营业执照、登记证书或者单位印章，向当地社会保险经办机构申请办理社会保险登记。社会保险经办机构应当自收到申请之日起十五日内予以审核，发给社会保险登记证件。

用人单位的社会保险登记事项发生变更或者用人单位依法终止的，应当自变更或者终止之日起三十日内，到社会保险经办机构办理变更或者注销社会保险登记。

市场监督管理部门、民政部门和机构编制管理机关应当及时向社会保险经办机构通报用人单位的成立、终止情况，公安机关应当及时向社会保险经办机构通报个人的出生、死亡以及户口登记、迁移、注销等情况。

第五十八条 用人单位应当自用工之日起三十日内为其职工向社会保险经办机构申请办理社会保险登记。未办理社会保险登记的，由社会保险经办机构核定其应当缴纳的社会保险费。

自愿参加社会保险的无雇工的个体工商户、未在用人单位参加社会保险的非全日制从业人员以及其他灵活就业人员，应当向社会保险经办机构申请办理社会保险登记。

国家建立全国统一的个人社会保障号码。个人社会保障号码为公民身份号码。

第五十九条 县级以上人民政府加强社会保险费的征收工作。

社会保险费实行统一征收，实施步骤和具体办法由国务院规定。

第六十条 用人单位应当自行申报、按时足额缴纳社会保险费，非因不可抗力等法定事由不得缓缴、减免。职工应当缴纳的社会保险费由用人单位代扣代缴，用人单位应当按月将缴纳社会保险费的明细情况告知本人。

无雇工的个体工商户、未在用人单位参加社会保险的非全日制从业人员以及其他灵活就业人员，可以直接向社会保险费征收机构缴纳社会保险费。

第六十一条 社会保险费征收机构应当依法按时足额征收社会保险费，并将缴费情况定期告知用人单位和个人。

第六十二条 用人单位未按规定申报应当缴纳的社会保险费数额的，按照该单位上月缴费额的百分之一百一十确定应当缴纳数额；缴费单位补办申报手续后，由社会保险费征收机构按照规定结算。

第六十三条 用人单位未按时足额缴纳社会保险费的，由社会保险费征收机构责令其限期缴纳或者补足。

用人单位逾期仍未缴纳或者补足社会保险费的，社会保险费征收机构可以向银行和其他金融机构查询其存款账户；并可以申请县级以上有关行政部门作出划拨社会保险费的决定，书面通知其开户银行或者其他金融机构划拨社会保险费。用人单位账户余额少于应当缴纳的社会保险费的，社会保险费征收机构可以要求该用人单位提供担保，签订延期缴费协议。

用人单位未足额缴纳社会保险费且未提供担保的，社会保险费征收机构可以申请人民法院扣押、查封、拍卖其价值相当于应当缴纳社会保险费的财产，以拍卖所得抵缴社会保险费。

第八章　社会保险基金

第六十四条 社会保险基金包括基本养老保险基金、基本医疗保险基金、工伤保险基金、失业保险基金和生育保险基金。除基本医疗保险基金与生育保险基金合并建账及核算外，其他各项社会保险基金按照社会保险险种分别建账，分账核算。社会保险基金执行国家统一的会计制度。

社会保险基金专款专用，任何组织和个人不得侵占或者挪用。

基本养老保险基金逐步实行全国统筹，其他社会保险基金逐步实行省级统筹，具体时间、步骤由国务院规定。

第六十五条 社会保险基金通过预算实现收支平衡。

县级以上人民政府在社会保险基金出现支付不足时，给予补贴。

第六十六条 社会保险基金按照统筹层次设立预算。除基本医疗保险基金与生育保险基金预算合并编制外，其他社会保险基金预算按照社会保险项目分别编制。

第六十七条 社会保险基金预算、决算草案的编制、审核和批准，依照法律和国务院规定执行。

第六十八条 社会保险基金存入财政专户，具体管理办法由国务院规定。

第六十九条　社会保险基金在保证安全的前提下，按照国务院规定投资运营实现保值增值。

社会保险基金不得违规投资运营，不得用于平衡其他政府预算，不得用于兴建、改建办公场所和支付人员经费、运行费用、管理费用，或者违反法律、行政法规规定挪作其他用途。

第七十条　社会保险经办机构应当定期向社会公布参加社会保险情况以及社会保险基金的收入、支出、结余和收益情况。

第七十一条　国家设立全国社会保障基金，由中央财政预算拨款以及国务院批准的其他方式筹集的资金构成，用于社会保障支出的补充、调剂。全国社会保障基金由全国社会保障基金管理运营机构负责管理运营，在保证安全的前提下实现保值增值。

全国社会保障基金应当定期向社会公布收支、管理和投资运营的情况。国务院财政部门、社会保险行政部门、审计机关对全国社会保障基金的收支、管理和投资运营情况实施监督。

第九章　社会保险经办

第七十二条　统筹地区设立社会保险经办机构。社会保险经办机构根据工作需要，经所在地的社会保险行政部门和机构编制管理机关批准，可以在本统筹地区设立分支机构和服务网点。

社会保险经办机构的人员经费和经办社会保险发生的基本运行费用、管理费用，由同级财政按照国家规定予以保障。

第七十三条　社会保险经办机构应当建立健全业务、财务、安全和风险管理制度。

社会保险经办机构应当按时足额支付社会保险待遇。

第七十四条　社会保险经办机构通过业务经办、统计、调查获取社会保险工作所需的数据，有关单位和个人应当及时、如实提供。

社会保险经办机构应当及时为用人单位建立档案，完整、准确地记录参加社会保险的人员、缴费等社会保险数据，妥善保管登记、申报的原始凭证和支付结算的会计凭证。

社会保险经办机构应当及时、完整、准确地记录参加社会保险的个人缴费和用人单位为其缴费，以及享受社会保险待遇等个人权益记录，定期将个人权益记录单免费寄送本人。

用人单位和个人可以免费向社会保险经办机构查询、核对其缴费和享受社会保险待遇记录，要求社会保险经办机构提供社会保险咨询等相关服务。

第七十五条　全国社会保险信息系统按照国家统一规划，由县级以上人民政府按照分级负责的原则共同建设。

第十章　社会保险监督

第七十六条　各级人民代表大会常务委员会听取和审议本级人民政府对社会保险基金的收支、管理、投资运营以及监督检查情况的专项工作报告，组织对本法实施情况的执法检查等，依法行使监督职权。

第七十七条　县级以上人民政府社会保险行政部门应当加强对用人单位和个人遵守社会保险法律、法规情况的监督检查。

社会保险行政部门实施监督检查时，被检查的用人单位和个人应当如实提供与社会保险有关的资料，不得拒绝检查或者谎报、瞒报。

第七十八条　财政部门、审计机关按照各自职责，对社会保险基金的收支、管理和投资运营情况实施监督。

第七十九条　社会保险行政部门对社会保险基金的收支、管理和投资运营情况进行监督检查，发现存在问题的，应当提出整改建议，依法作出处理决定或者向有关行政部门提出处理建议。社会保险基金检查结果应当定期向社会公布。

社会保险行政部门对社会保险基金实施监督检查，有权采取下列措施：

（一）查阅、记录、复制与社会保险基金收支、管理和投资运营相关的资料，对可能被转移、隐匿或者灭失的资料予以封存；

（二）询问与调查事项有关的单位和个人，要求其对与调查事项有关的问题作出说明、提供有关证明材料；

（三）对隐匿、转移、侵占、挪用社会保险基金的行为予以制止并责令改正。

第八十条　统筹地区人民政府成立由用人单位代表、参保人员代表，以及工会代表、专家等组成的社会保险监督委员会，掌握、分析社会保险基金的收支、管理和投资运营情况，对社会保险工作提出咨询意见和建议，实施社会监督。

社会保险经办机构应当定期向社会保险监督委员会汇报社会保险基金的收支、管理和投资运营情况。社会保险监督委员会可以聘请会计师事务所对社会保险基金的收支、管理和投资运营情况进行年度审计和专项审计。审计结果应当向社会公开。

社会保险监督委员会发现社会保险基金收支、管理和投资运营中存在问题的，有权提出改正建议；对社会保险经办机构及其工作人员的违法行为，有权向有关部门提出依法处理建议。

第八十一条 社会保险行政部门和其他有关行政部门、社会保险经办机构、社会保险费征收机构及其工作人员，应当依法为用人单位和个人的信息保密，不得以任何形式泄露。

第八十二条 任何组织或者个人有权对违反社会保险法律、法规的行为进行举报、投诉。

社会保险行政部门、卫生行政部门、社会保险经办机构、社会保险费征收机构和财政部门、审计机关对属于本部门、本机构职责范围的举报、投诉，应当依法处理；对不属于本部门、本机构职责范围的，应当书面通知并移交有权处理的部门、机构处理。有权处理的部门、机构应当及时处理，不得推诿。

第八十三条 用人单位或者个人认为社会保险费征收机构的行为侵害自己合法权益的，可以依法申请行政复议或者提起行政诉讼。

用人单位或者个人对社会保险经办机构不依法办理社会保险登记、核定社会保险费、支付社会保险待遇、办理社会保险转移接续手续或者侵害其他社会保险权益的行为，可以依法申请行政复议或者提起行政诉讼。

个人与所在用人单位发生社会保险争议的，可以依法申请调解、仲裁，提起诉讼。用人单位侵害个人社会保险权益的，个人也可以要求社会保险行政部门或者社会保险费征收机构依法处理。

第十一章 法律责任

第八十四条 用人单位不办理社会保险登记的，由社会保险行政部门责令限期改正；逾期不改正的，对用人单位处应缴社会保险费数额一倍以上三倍以下的罚款，对其直接负责的主管人员和其他直接责任人员处五百元以上三千元以下的罚款。

第八十五条 用人单位拒不出具终止或者解除劳动关系证明的，依照《中华人民共和国劳动合同法》的规定处理。

第八十六条 用人单位未按时足额缴纳社会保险费的，由社会保险费征收机构责令限期缴纳或者补足，并自欠缴之日起，按日加收万分之五的滞纳金；逾期仍不缴纳的，由有关行政部门处欠缴数额一倍以上三倍以下的罚款。

第八十七条 社会保险经办机构以及医疗机构、药品经营单位等社会保险服务机构以欺诈、伪造证明材料或者其他手段骗取社会保险基金支出的，由社会保险行政部门责令退回骗取的社会保险金，处骗取金额二倍以上五倍以下的罚款；属于社会保险服务机构的，解除服务协议；直接负责的主管人员和其他直接责任人员有执业资格的，依法吊销其执业资格。

第八十八条 以欺诈、伪造证明材料或者其他手段骗取社会保险待遇的,由社会保险行政部门责令退回骗取的社会保险金,处骗取金额二倍以上五倍以下的罚款。

第八十九条 社会保险经办机构及其工作人员有下列行为之一的,由社会保险行政部门责令改正;给社会保险基金、用人单位或者个人造成损失的,依法承担赔偿责任;对直接负责的主管人员和其他直接责任人员依法给予处分:

(一)未履行社会保险法定职责的;

(二)未将社会保险基金存入财政专户的;

(三)克扣或者拒不按时支付社会保险待遇的;

(四)丢失或者篡改缴费记录、享受社会保险待遇记录等社会保险数据、个人权益记录的;

(五)有违反社会保险法律、法规的其他行为的。

第九十条 社会保险费征收机构擅自更改社会保险费缴费基数、费率,导致少收或者多收社会保险费的,由有关行政部门责令其追缴应当缴纳的社会保险费或者退还不应当缴纳的社会保险费;对直接负责的主管人员和其他直接责任人员依法给予处分。

第九十一条 违反本法规定,隐匿、转移、侵占、挪用社会保险基金或者违规投资运营的,由社会保险行政部门、财政部门、审计机关责令追回;有违法所得的,没收违法所得;对直接负责的主管人员和其他直接责任人员依法给予处分。

第九十二条 社会保险行政部门和其他有关行政部门、社会保险经办机构、社会保险费征收机构及其工作人员泄露用人单位和个人信息的,对直接负责的主管人员和其他直接责任人员依法给予处分;给用人单位或者个人造成损失的,应当承担赔偿责任。

第九十三条 国家工作人员在社会保险管理、监督工作中滥用职权、玩忽职守、徇私舞弊的,依法给予处分。

第九十四条 违反本法规定,构成犯罪的,依法追究刑事责任。

第十二章 附 则

第九十五条 进城务工的农村居民依照本法规定参加社会保险。

第九十六条 征收农村集体所有的土地,应当足额安排被征地农民的社会保险费,按照国务院规定将被征地农民纳入相应的社会保险制度。

第九十七条 外国人在中国境内就业的,参照本法规定参加社会保险。

第九十八条 本法自 2011 年 7 月 1 日起施行。

附录3:《个人所得税法》重点解读

【题记】《中华人民共和国个人所得税法修正案(草案)》(以下简称"草案")于2018年6月29日在中国人大网向社会公众征求意见,于8月27日提交十三届全国人大常委会第五次会议二次审议,于2018年8月31日正式通过。此次修订后的《中华人民共和国个人所得税法》于2019年1月1日生效。

第一条 在中国境内有住所,或者无住所而一个纳税年度内在中国境内居住累计满一百八十三天的个人,为居民个人。居民个人从中国境内和境外取得的所得,依照本法规定缴纳个人所得税。

在中国境内无住所又不居住,或者无住所而一个纳税年度内在中国境内居住累计不满一百八十三天的个人,为非居民个人。非居民个人从中国境内取得的所得,依照本法规定缴纳个人所得税。

纳税年度,自公历一月一日起至十二月三十一日止。

【重点解读】新个人所得税法纳入"税收居民"的概念,将满一年的居民标准改为183天,引在个人所得税法修订之前外籍个人的个人所得税的主要依据是国税发〔1994〕148号《国家税务总局关于在中国境内无住所的个人取得工资薪金所得纳税义务问题的通知》。根据此文件虽然中国也对个人执行全球收入征税的制度,但是针对外籍个人如果在华居住时间在184天和五年之内,仅针对与在中国受雇佣相关的工资薪金征收中国个人所得税。对外籍个人其他来源于中国以外收入如利息股息以及资本利得及不动产出租等并不征收中国个人所得税。

第二条 下列各项个人所得,应当缴纳个人所得税:

(一)工资、薪金所得;

(二)劳务报酬所得;

（三）稿酬所得；

（四）特许权使用费所得；

（五）经营所得；

（六）利息、股息、红利所得；

（七）财产租赁所得；

（八）财产转让所得；

（九）偶然所得。

居民个人取得前款第一项至第四项所得（以下称综合所得），按纳税年度合并计算个人所得税；非居民个人取得前款第一项至第四项所得，按月或者按次分项计算个人所得税。纳税人取得前款第五项至第九项所得，依照本法规定分别计算个人所得税。

【重点解读】本次改革亮点是把工资薪金、劳务报酬、稿酬以及特许权使用费所得按照纳税年度合并计税（综合所得纳税）。

第三条 个人所得税的税率：

（一）综合所得，适用百分之三至百分之四十五的超额累进税率（税率表附后）；

（二）经营所得，适用百分之五至百分之三十五的超额累进税率（税率表附后）；

（三）利息、股息、红利所得，财产租赁所得，财产转让所得和偶然所得，适用比例税率，税率为百分之二十。

【重点解读】此次改革将基本减除费用提高至5000元并且优化调整税率结构，扩大了3%、10%、20%三档税率的距级，取得工资薪金等综合收入的纳税人，对于中等以下收入的工薪阶层税负下降非常明显。

第四条 下列各项个人所得，免征个人所得税：

（一）省级人民政府、国务院部委和中国人民解放军军以上单位，以及外国组织、国际组织颁发的科学、教育、技术、文化、卫生、体育、环境保护等方面的奖金；

（二）国债和国家发行的金融债券利息；

（三）按照国家统一规定发给的补贴、津贴；

（四）福利费、抚恤金、救济金；

（五）保险赔款；

（六）军人的转业费、复员费、退役金；

（七）按照国家统一规定发给干部、职工的安家费、退职费、基本养老金或者退休费、离休费、离休生活补助费；

（八）依照有关法律规定应予免税的各国驻华使馆、领事馆的外交代表、领事官员和其他人员的所得；

（九）中国政府参加的国际公约、签订的协议中规定免税的所得；

（十）国务院规定的其他免税所得。

前款第十项免税规定，由国务院报全国人民代表大会常务委员会备案。

【重点解读】对于免征个人所得税，企业HR要做好政策分析，充分享受政策红利。例如，对员工福利的筹划，既会合理避税又会让员工享受公司发展的成果。

第五条　有下列情形之一的，可以减征个人所得税，具体幅度和期限，由省、自治区、直辖市人民政府规定，并报同级人民代表大会常务委员会备案：

（一）残疾、孤老人员和烈属的所得；

（二）因自然灾害遭受重大损失的。

国务院可以规定其他减税情形，报全国人民代表大会常务委员会备案。

【重点解读】企业因自然灾害遭受重大损失的可以减征个人所得税。

第六条　应纳税所得额的计算：

（一）居民个人的综合所得，以每一纳税年度的收入额减除费用六万元以及专项扣除、专项附加扣除和依法确定的其他扣除后的余额，为应纳税所得额。

（二）非居民个人的工资、薪金所得，以每月收入额减除费用五千元后的余额为应纳税所得额；劳务报酬所得、稿酬所得、特许权使用费所得，以每次收入额为应纳税所得额。

（三）经营所得，以每一纳税年度的收入总额减除成本、费用以及损失后的余额，为应纳税所得额。

（四）财产租赁所得，每次收入不超过四千元的，减除费用八百元；四千元以上的，减除百分之二十的费用，其余额为应纳税所得额。

（五）财产转让所得，以转让财产的收入额减除财产原值和合理费用后的余额，为应纳税所得额。

（六）利息、股息、红利所得和偶然所得，以每次收入额为应纳税所得额。

劳务报酬所得、稿酬所得、特许权使用费所得以收入减除百分之二十的费用后的余额为收入额。稿酬所得的收入额减按百分之七十计算。

【重点解读】劳务报酬所得、稿酬所得、特许权使用费所得以收入减除百分之二十的费用后的余额为收入额，此外稿酬所得收入额减按百分之七十计算［稿酬应税额＝实际收入×（1-20%）×70%］，有利于鼓励员工工作之余多劳多得，获得更多的合法收入。

个人将其所得对教育、扶贫、济困等公益慈善事业进行捐赠，捐赠额未超过纳税人申报的应纳税所得额百分之三十的部分，可以从其应纳税所得额中扣除；国务院规定对公益慈善事业捐赠实行全额税前扣除的，从其规定。

本条第一款第一项规定的专项扣除，包括居民个人按照国家规定的范围和标准缴纳的基本养老保险、基本医疗保险、失业保险等社会保险费和住房公积金等；专项附加扣除，包括子女教育、继续教育、大病医疗、住房贷款利息或者住房租金、赡养老人等支出，具体范围、标准和实施步骤由国务院确定，并报全国人民代表大会常务委员会备案。

【重点解读】"专项扣除"主要是五险一金法定扣除。

新个人所得税法增加了"专项附加扣除"，关于专项附加扣除依据《个人所得税专项附加扣除暂行办法》执行（限于篇幅不再赘述，网络可搜索到）。

纳税人需要关注最新政策实施细则公式的扣除标准和申报流程。对于扣缴义务人来说需要履行更多的信息提交的义务。

第七条　居民个人从中国境外取得的所得，可以从其应纳税额中抵免已在境外缴纳的个人所得税税额，但抵免额不得超过该纳税人境外所得依照本法规定计算的应纳税额。

【重点解读】居民个人从中国境外取得的所得可以抵免已在境外缴纳的个人所得税税额，但是国家之间不能互相抵销。

第八条　有下列情形之一的，税务机关有权按照合理方法进行纳税调整：

（一）个人与其关联方之间的业务往来不符合独立交易原则而减少本人或者其关联方应纳税额，且无正当理由；

（二）居民个人控制的，或者居民个人和居民企业共同控制的设立在实际税负明显偏低的国家（地区）的企业，无合理经营需要，对应当归属于居民个人的利润不作分配或者减少分配；

（三）个人实施其他不具有合理商业目的的安排而获取不当税收利益。

税务机关依照前款规定作出纳税调整，需要补征税款的，应当补征税款，并依法加收利息。

【重点解读】新个人所得税法中参照企业所得税法有关反避税的规定增加了反避税条款。对于高净值人群的全球投资中利用一些境外避税地避税或者实施一些不合理的商业安排获取不当税收利益等行为，税局有权在新个人所得税法下按照合理方法进行纳税调增。无形中这一新规增加了纳税人的合规成本。作为纳税人应及时梳理境内外资产和投资安排，审慎分析商业安排合理性，降低税收风险。

第九条 个人所得税以所得人为纳税人，以支付所得的单位或者个人为扣缴义务人。

纳税人有中国公民身份号码的，以中国公民身份号码为纳税人识别号；纳税人没有中国公民身份号码的，由税务机关赋予其纳税人识别号。扣缴义务人扣缴税款时，纳税人应当向扣缴义务人提供纳税人识别号。

【重点解读】企业对员工履行的是代扣代缴义务，纳税责任主体为员工。

第十条 有下列情形之一的，纳税人应当依法办理纳税申报：

（一）取得综合所得需要办理汇算清缴；
（二）取得应税所得没有扣缴义务人；
（三）取得应税所得，扣缴义务人未扣缴税款；
（四）取得境外所得；
（五）因移居境外注销中国户籍；
（六）非居民个人在中国境内从两处以上取得工资、薪金所得；
（七）国务院规定的其他情形。

扣缴义务人应当按照国家规定办理全员全额扣缴申报，并向纳税人提供其个人所得和已扣缴税款等信息。

【重点解读】非居民个人在中国境内从两处以上取得工资薪金所得的应主动做好纳税申报并合并纳税。

第十一条 居民个人取得综合所得，按年计算个人所得税；有扣缴义务人的，由扣缴义务人按月或者按次预扣预缴税款；需要办理汇算清缴的，应当在取得所得的次年三月一日至六月三十日内办理汇算清缴。预扣预缴办法由国务院税务主管部门制定。

居民个人向扣缴义务人提供专项附加扣除信息的，扣缴义务人按月预扣预缴税款时应当按照规定予以扣除，不得拒绝。

非居民个人取得工资、薪金所得，劳务报酬所得，稿酬所得和特许权使用费所得，有扣缴义务人的，由扣缴义务人按月或者按次代扣代缴税款，不办理汇算清缴。

【重点解读】要高度关注"汇算清缴"时限，需要办理汇算清缴的，应当在取得所得的次年三月一日至六月三十日内办理汇算清缴。

第十二条　纳税人取得经营所得，按年计算个人所得税，由纳税人在月度或者季度终了后十五日内向税务机关报送纳税申报表，并预缴税款；在取得所得的次年三月三十一日前办理汇算清缴。

纳税人取得利息、股息、红利所得，财产租赁所得，财产转让所得和偶然所得，按月或者按次计算个人所得税，有扣缴义务人的，由扣缴义务人按月或者按次代扣代缴税款。

第十三条　纳税人取得应税所得没有扣缴义务人的，应当在取得所得的次月十五日内向税务机关报送纳税申报表，并缴纳税款。

纳税人取得应税所得，扣缴义务人未扣缴税款的，纳税人应当在取得所得的次年六月三十日前，缴纳税款；税务机关通知限期缴纳的，纳税人应当按照期限缴纳税款。

居民个人从中国境外取得所得的，应当在取得所得的次年三月一日至六月三十日内申报纳税。

非居民个人在中国境内从两处以上取得工资、薪金所得的，应当在取得所得的次月十五日内申报纳税。

纳税人因移居境外注销中国户籍的，应当在注销中国户籍前办理税款清算。

第十四条　扣缴义务人每月或者每次预扣、代扣的税款，应当在次月十五日内缴入国库，并向税务机关报送扣缴个人所得税申报表。

纳税人办理汇算清缴退税或者扣缴义务人为纳税人办理汇算清缴退税的，税务机关审核后，按照国库管理的有关规定办理退税。

【重点解读】纳税人办理汇算清缴退税由税务机关负责。

第十五条　公安、人民银行、金融监督管理等相关部门应当协助税务机关确认纳税人的身份、金融账户信息。教育、卫生、医疗保障、民政、人力资源社会保障、住房城乡建设、公安、人民银行、金融监督管理等相关部门应当向税务机关提供纳税人子女教育、继续教育、大病医疗、住房贷款利息、住房租金、赡养老人等专项附加扣除信息。

个人转让不动产的，税务机关应当根据不动产登记等相关信息核验应缴的个人所得税，登记机构办理转移登记时，应当查验与该不动产转让相关的个人所得税的完税凭证。个人转让股权办理变更登记的，市场主体登记机关应当查验与该股权交易相关的个人所得税的完税凭证。

有关部门依法将纳税人、扣缴义务人遵守本法的情况纳入信用信息系统，并实施联合激励或者惩戒。

【重点解读】个人纳税纳入个人征信的信用系统，如果失信行为会受到联合惩戒。

关于联合惩戒重点说一下：由国家发展改革委和最高人民法院牵头，人民银行、中央组织部、中央宣传部、中央编办、中央文明办、最高人民检察院等44家单位于2016年1月20日联合签署《关于对失信被执行人实施联合惩戒的合作备忘录》（以下简称《备忘录》）。

该《备忘录》共提出55项惩戒措施分为八大类：第一类是对失信被执行人设立金融类机构的限制措施；第二类是对失信被执行人从事民商事行为的限制措施；第三类是对失信被执行人行业准入的限制措施，例如限制招录（聘）其为公务员或事业单位工作人员等；第四类是对失信被执行人担任重要职务的限制措施，例如限制担任金融机构的董事、监事、高级管理人员等；第五类是对失信被执行人享受优惠政策或荣誉的限制措施；第六类是对失信被执行人高消费及其他消费行为的限制措施，例如限制乘坐飞机、列车软卧、高铁，限制子女就读高收费私立学校等；第七类是对失信被执行人限制出境、定罪处罚的限制措施；第八类是协助查询和公示失信被执行人信息的措施。

第十六条　各项所得的计算，以人民币为单位。所得为人民币以外的货币的，按照人民币汇率中间价折合成人民币缴纳税款。

第十七条　对扣缴义务人按照所扣缴的税款，付给百分之二的手续费。

第十八条　对储蓄存款利息所得开征、减征、停征个人所得税及其具体办法，由国务院规定，并报全国人民代表大会常务委员会备案。

第十九条　纳税人、扣缴义务人和税务机关及其工作人员违反本法规定的，依照《中华人民共和国税收征收管理法》和有关法律法规的规定追究法律责任。

第二十条　个人所得税的征收管理，依照本法和《中华人民共和国税收征收管理法》的规定执行。

第二十一条　国务院根据本法制定实施条例。

第二十二条　本法自公布之日起施行。

个人所得税税率表一（综合所得适用）

级数	全年应纳税所得额	税率（%）
1	不超过36000元的	3
2	超过36000元至144000元的部分	10
3	超过144000元至300000元的部分	20
4	超过300000元至420000元的部分	25
5	超过420000元至660000元的部分	30
6	超过660000元至960000元的部分	35
7	超过960000元的部分	45

（提示：本表所称全年应纳税所得额是指依照本法第六条的规定，居民个人取得综合所得以每一纳税年度收入额减除费用六万元以及专项扣除、专项附加扣除和依法确定的其他扣除后的余额。非居民个人取得工资、薪金所得，劳务报酬所得，稿酬所得和特许权使用费所得，依照本表按月换算后计算应纳税额。）

个人所得税税率表二（经营所得适用）

级数	全年应纳税所得额	税率（%）
1	不超过30000元的	5
2	超过30000元至90000元的部分	10
3	超过90000元至300000元的部分	20
4	超过300000元至500000元的部分	30
5	超过500000元的部分	35

（提示：本表所称全年应纳税所得额是指依照本法第六条的规定，以每一纳税年度的收入总额减除成本、费用以及损失后的余额。）

附录 4：《女职工劳动保护特别规定》重点解读

【题记】《女职工劳动保护规定》是中国政府为维护女职工的合法权益，减少和解决女职工在劳动和工作中因生理特点造成的特殊困难，保护其健康而制定的法规。2013 年适用的《女职工劳动保护特别规定》经 2012 年 4 月 18 日国务院第 200 次常务会议通过，2012 年 4 月 28 日中华人民共和国国务院令第 619 号公布。

以下是《女职工劳动保护特别规定》全文内容：

第一条　为了减少和解决女职工在劳动中因生理特点造成的特殊困难，保护女职工健康，制定本规定。

第二条　中华人民共和国境内的国家机关、企业、事业单位、社会团体、个体经济组织以及其他社会组织等用人单位及其女职工，适用本规定。

第三条　用人单位应当加强女职工劳动保护，采取措施改善女职工劳动安全卫生条件，对女职工进行劳动安全卫生知识培训。

第四条　用人单位应当遵守女职工禁忌从事的劳动范围的规定。用人单位应当将本单位属于女职工禁忌从事的劳动范围的岗位书面告知女职工。

女职工禁忌从事的劳动范围由本规定附录列示。国务院安全生产监督管理部门会同国务院人力资源社会保障行政部门、国务院卫生行政部门根据经济社会发展情况，对女职工禁忌从事的劳动范围进行调整。

第五条　用人单位不得因女职工怀孕、生育、哺乳降低其工资、予以辞退、与其解除劳动或者聘用合同。

【重点解读】孕期、生产期和哺乳期简称"三期"员工，企业不得无故降低工资待遇，更不得非法解聘劳动合同。

第六条　女职工在孕期不能适应原劳动的，用人单位应当根据医疗机构的证明，予以减轻劳动量或者安排其他能够适应的劳动。

对怀孕 7 个月以上的女职工，用人单位不得延长劳动时间或者安排夜班劳动，并应当在劳动时间内安排一定的休息时间。

怀孕女职工在劳动时间内进行产前检查，所需时间计入劳动时间。

【重点解读】产检时间要列入劳动时间，企业不得以事假等方式扣除工资。

第七条 女职工生育享受 98 天产假，其中产前可以休假 15 天；难产的，增加产假 15 天；生育多胞胎的，每多生育 1 个婴儿，增加产假 15 天。

女职工怀孕未满 4 个月流产的，享受 15 天产假；怀孕满 4 个月流产的，享受 42 天产假。

【重点解读】企业在制定《员工假期管理规定》时要严格执行上述规定。

第八条 女职工产假期间的生育津贴，对已经参加生育保险的，按照用人单位上年度职工月平均工资的标准由生育保险基金支付；对未参加生育保险的，按照女职工产假前工资的标准由用人单位支付。

女职工生育或者流产的医疗费用，按照生育保险规定的项目和标准，对已经参加生育保险的，由生育保险基金支付；对未参加生育保险的，由用人单位支付。

【重点解读】我国《社会保险法》对于生育津贴和晚育津贴等都有明确的规定。

第九条 对哺乳未满 1 周岁婴儿的女职工，用人单位不得延长劳动时间或者安排夜班劳动。

用人单位应当在每天的劳动时间内为哺乳期女职工安排 1 小时哺乳时间；女职工生育多胞胎的，每多哺乳 1 个婴儿每天增加 1 小时哺乳时间。

【重点解读】企业在制定《员工考勤管理规定》必须做出明确规定。

第十条 女职工比较多的用人单位应当根据女职工的需要，建立女职工卫生室、孕妇休息室、哺乳室等设施，妥善解决女职工在生理卫生、哺乳方面的困难。

【重点解读】企业为女员工建立女职工卫生室、孕妇休息室、哺乳室等设施，这是企业管理人性化的体现。

第十一条 在劳动场所，用人单位应当预防和制止对女职工的性骚扰。

第十二条 县级以上人民政府人力资源社会保障行政部门、安全生产监督管理部门按照各自职责负责对用人单位遵守本规定的情况进行监督检查。

工会、妇女组织依法对用人单位遵守本规定的情况进行监督。

第十三条　用人单位违反本规定第六条第二款、第七条、第九条第一款规定的，由县级以上人民政府人力资源社会保障行政部门责令限期改正，按照受侵害女职工每人1000元以上5000元以下的标准计算，处以罚款。

用人单位违反本规定附录第一条、第二条规定的，由县级以上人民政府安全生产监督管理部门责令限期改正，按照受侵害女职工每人1000元以上5000元以下的标准计算，处以罚款。用人单位违反本规定附录第三条、第四条规定的，由县级以上人民政府安全生产监督管理部门责令限期治理，处5万元以上30万元以下的罚款；情节严重的，责令停止有关作业，或者提请有关人民政府按照国务院规定的权限责令关闭。

第十四条　用人单位违反本规定，侵害女职工合法权益的，女职工可以依法投诉、举报、申诉，依法向劳动人事争议调解仲裁机构申请调解仲裁，对仲裁裁决不服的，依法向人民法院提起诉讼。

第十五条　用人单位违反本规定，侵害女职工合法权益，造成女职工损害的，依法给予赔偿；用人单位及其直接负责的主管人员和其他直接责任人员构成犯罪的，依法追究刑事责任。

第十六条　本规定自公布之日起施行。1988年7月21日国务院发布的《女职工劳动保护规定》同时废止。

附录5:《职工带薪年休假条例》重点解读

【题记】《职工带薪年休假条例》已经2007年12月7日国务院第198次常务会议通过,现予公布,自2008年1月1日起施行。

第一条 为了维护职工休息休假权利,调动职工工作积极性,根据劳动法和公务员法,制定本条例。

第二条 机关、团体、企业、事业单位、民办非企业单位、有雇工的个体工商户等单位的职工连续工作1年以上的,享受带薪年休假(以下简称年休假)。单位应当保证职工享受年休假。职工在年休假期间享受与正常工作期间相同的工资收入。

第三条 职工累计工作已满1年不满10年的,年休假5天;已满10年不满20年的,年休假10天;已满20年的,年休假15天。

国家法定休假日、休息日不计入年休假的假期。

【重点解读】企业在制定《员工休假管理制度》时对于年假的规定不得低于这个标准,为了做到人性化管理,年假可以按照工作年限的比例进行折算。此外要特别注意的一点是"国家法定休假日、休息日不计入年休假的假期",有些企业把周末连续算在年假中这是违法的。

第四条 职工有下列情形之一的,不享受当年的年休假:

(一)职工依法享受寒暑假,其休假天数多于年休假天数的;

(二)职工请事假累计20天以上且单位按照规定不扣工资的;

(三)累计工作满1年不满10年的职工,请病假累计2个月以上的;

(四)累计工作满10年不满20年的职工,请病假累计3个月以上的;

(五)累计工作满20年以上的职工,请病假累计4个月以上的。

【重点解读】企业在制定《员工休假管理制度》对于不享受当年年假的情形也要做出明确的规定，不得和该条例冲突。

第五条 单位根据生产、工作的具体情况，并考虑职工本人意愿，统筹安排职工年休假。

年休假在1个年度内可以集中安排，也可以分段安排，一般不跨年度安排。单位因生产、工作特点确有必要跨年度安排职工年休假的，可以跨1个年度安排。

单位确因工作需要不能安排职工休年休假的，经职工本人同意，可以不安排职工休年休假。对职工应休未休的年休假天数，单位应当按照该职工日工资收入的300%支付年休假工资报酬。

【重点解读】企业员工无法休年假的该条例做出明确的要求。

第六条 县级以上地方人民政府人事部门、劳动保障部门应当依据职权对单位执行本条例的情况主动进行监督检查。

工会组织依法维护职工的年休假权利。

第七条 单位不安排职工休年休假又不依照本条例规定给予年休假工资报酬的，由县级以上地方人民政府人事部门或者劳动保障部门依据职权责令限期改正；逾期不改正的，除责令该单位支付年休假工资报酬外，单位还应当按照年休假工资报酬的数额向职工加付赔偿金；对拒不支付年休假工资报酬、赔偿金的，属于公务员和参照公务员法管理的人员所在单位的，对直接负责的主管人员以及其他直接责任人员依法给予处分；属于其他单位的，由劳动保障部门、人事部门或者职工申请人民法院强制执行。

第八条 职工与单位因年休假发生的争议，依照国家有关法律、行政法规的规定处理。

第九条 国务院人事部门、国务院劳动保障部门依据职权，分别制定本条例的实施办法。

第十条 本条例自2008年1月1日起施行。

图书在版编目 (CIP) 数据

企业人力资源必备工具箱 / 贺清君著. —北京：中国法制出版社，2019.10

（老 HRD 手把手系列丛书）

ISBN 978-7-5216-0396-5

Ⅰ. ①企… Ⅱ. ①贺… Ⅲ. ①企业管理—人力资源管理 Ⅳ. ① F272.92

中国版本图书馆 CIP 数据核字（2019）第 154440 号

策划编辑：潘孝莉（editorwendy@126.com）
责任编辑：潘孝莉　刘　悦　　　　　　　　　　　　封面设计：汪要军

企业人力资源必备工具箱
QIYE RENLI ZIYUAN BIBEI GONGJUXIANG

著者 / 贺清君
经销 / 新华书店
印刷 / 三河市国英印务有限公司
开本 / 787 毫米 × 1092 毫米　16 开　　　　　　印张 / 17　字数 / 275 千
版次 / 2019 年 10 月第 1 版　　　　　　　　　　2019 年 10 月第 1 次印刷

中国法制出版社出版
书号 ISBN 978-7-5216-0396-5　　　　　　　　　　定价：59.00 元

北京西单横二条 2 号　邮政编码 100031　　　　　传真：010-66031119
网址：http://www.zgfzs.com　　　　　　　　　　编辑部电话：010-66038703
市场营销部电话：010-66017726　　　　　　　　邮购部电话：010-66033288

（如有印装质量问题，请与本社印务部联系调换。电话：010-66032926）